그레이트 리셋

그레이트 리셋

GREAT RESET

한 번도 경험하지 못한
새로운 세상

김영익 지음

포레스트북스

머리말

저는 가끔 기업의 최고경영자나 큰 부를 축적한 사람들을 만납니다. 그들은 공통적으로 '시대에 당하지 말라'라고 말합니다. 개인에게 당하면 자산의 일부를 잃지만 시대에 당하면 모든 자산을 다 잃을 수도 있다는 것입니다. 이러한 의미에서 시대의 흐름, 특히 거시 경제의 흐름을 이해하는 것은 매우 중요합니다.

　따라서 이 책은 우선 거시 경제 흐름을 진단합니다. 각국 정책 당국이 과감한 재정 및 통화정책으로 2008년 글로벌 금융위기를 극복했고, 2020년 코로나19 경제위기Great Lockdown를 이겨내고 있습니다. 그런데 그 과정에서 각 경제 주체의 부채가 급격하게 증가했고, 주식 등 일부 자산 가격에 거품이 발생했습니다. 거품은 사전에 진단하기 어렵고, 꺼진 다음에야 '그때가 거품이었다'고 이야기할 수 있습니다. 하지만 지나고 보면 거품을 진단하는 전통적 지표는 이미 거품을 경고해주고 있었습니다. 이러한 지표에 따르면 1~2년 이내에 거품이 붕괴하면서 부채에 의한 성장의 한계가 드러날 전망입니다. 그 계기는 미국의 인플레이션과 금리 상승일 가능성이 높습니다.

다양한 가능성과 전망을 내다보는 이 책은 7장으로 구성되어 있습니다. 1장에서 2008년 이후 두 차례의 경제위기를 극복했지만 각 경제 주체의 부채가 크게 증가한 과정을 살폈습니다. 더불어 각종 자산 가격에 생기는 거품에 대해 고찰했습니다. 2장에서는 앞서 설명한 부채와 자산 가격의 거품 문제가 미국의 인플레이션과 금리 상승으로 터질 수 있다고 내다보고 그 이후를 예측했습니다. 3장에서는 각 정부가 부채를 어떻게 극복하고 새로운 성장 국면에 들어설 수 있는가에 대해서 살펴보았습니다. 그중 하나가 중국의 금융시장 개방으로 미중 패권 전쟁이 일단락될 수 있다는 것인데, 4장에서는 이에 대해 면밀하게 고찰했습니다. 5장과 6장에서는 환율, 금리, 주가, 주택 가격 등 주요 경제 변수의 장기 추세를 전망했습니다. 그리고 마지막 장에서는 이러한 흐름 속에서 찾을 수 있는 새로운 부의 원천을 내다보았습니다.

경제위기 이후의 글로벌 경제와 금융시장의 중장기 흐름 예측을 위해 저명한 역사가, 사상가, 투자가들의 견해를 많이 인용했습니다.

특히 세계 최대 헤지펀드 브리지워터 어소시에이츠를 이끄는 레이 달리오의 부채 사이클은 현재의 글로벌 금융시장을 이해하는 데 큰 도움이 될 것이라고 생각합니다.

크게 보면 세계 성장(소비) 축이 미국에서 중국 등 아시아로 이전되는 과정입니다. 우리가 중국에서 금융으로 국부를 늘릴 수 있는 기회가 오고 있습니다. 전 세계가 탄소 제로 시대로 가면서 전기 자동차 등 친환경 산업이 매우 빠른 속도로 성장할 가능성도 높습니다. 헬스케어 산업도 지속적으로 성장할 전망입니다.

환율, 금리, 주가, 주택 가격의 중장기 추세도 예상해봤습니다. 이들 지표를 전망하면서 공통적으로 영향을 주는 경제 변수들이 있기 때문에 일부 데이터는 반복적으로 사용했습니다.

예측은 경제 주체의 반응에 따라 그 경로가 언제든지 달라질 수 있습니다. 세계적 베스트셀러 『사피엔스』의 저자인 유발 하라리가 "역사에 존재하는 단 하나의 위대한 상수는 모든 것이 변한다는 사실이다"라고 이야기한 것처럼 모든 것은 변합니다.

주식시장에서 거품이 생겼다가 꺼지는 현상이 주기적으로 반복됐습니다. 프랑스 작가이자 사상가인 볼테르는 "역사가 반복되는 것이 아니다. 사람이 반복하는 것이다"라고 했습니다. 투자자들의 낙관적 심리가 언제든지 비관적으로 바뀔 수 있는 상황입니다. 이 시기에는

그레이트 리셋

주가가 급락하면서 투자자의 성공 스토리가 단숨에 역전될 수도 있습니다. 주식시장에서는 미래를 낙관적이면서도 동시에 비관적으로 볼 때 안정적으로 부를 늘려갈 수 있습니다. 그런 의미에서 이 책이 작은 도움이 되었으면 합니다.

2021년 6월

김영익

차례

1장	세계 경제, 부채에 의한 성장의 한계

2장 | 부채와 자산 가격 붕괴의 원인

5장 | 환율과 금리 전망

6장 | **주가와 주택 가격 전망**

7장 | 어디에 투자해야 하나?

코로나19가 남긴 것들
_ 그레이트 리셋

코로나19가 창궐해 전 세계를 뒤엎은 지 1년이 지났다. 과연 코로나19는 글로벌 사회 및 경제 질서에 무엇을 남겼을까?

첫째, 세계화의 후퇴다. '글로벌라이제이션Globalization'이라는 말이 상징하는 것처럼 세계는 촘촘히 엮여 있다. 경제적 측면에서는 세계 공급망GVC, Global Value Chain으로 상품을 가장 저렴하게 생산할 수 있는 곳에서 수요가 있는 곳으로 자유로운 교역이 이루어졌다. 사람들의 이동도 비교적 자유로웠다. 그러다 코로나19가 제트기의 속도로 전 세계에 확산됐다. 일부 국가는 국경을 봉쇄했다. 상품 이동도 자유롭지 못하게 되었다. 그래서 교역을 통해서 얻을 수 있었던 상품을 국내DVC, Domestic Value Chain 혹은 인접 지역RVC, Regional Value Chain에서 생산해야 한다는 방향으로 변하고 있다. 미국 바이든 정부의 '바이 아메리칸Buy American' 정책도 여기에 벗어나지 않는다.

둘째, 자유와 안전의 충돌이다. 미국의 자유의 여신상은 한마디로 '자유'를 상징한다. 중국의 만리장성이 의미하는 것은 '안전'이다. 자유를 강조하는 미국에서 2021년 2월 17일 기준으로 코로나19 확진자가 2700만 명을 넘어섰고, 사망자는 48만 명에 이른다. 그러나 안전을 강조하는 중국에서는 각각 9만 명과 4600명으로 훨씬 더 낮다. 이른바 선진화의 역설이다. 미국은 민주주의를 기반으로 자유와 인권을 강조하면서 제2차 세계대전 이후 세계 패권국이 되었다. 그러나 코로나19는 자유와 안전의 균형을 요구하고 있다.

셋째, 코로나19는 디지털시대를 가속화하고 있다. 아날로그는 '접촉'이고 디지털은 '접속'이라 할 수 있는데, 현재 많은 일이 접속으로 이뤄지고 있다. 재택근무의 일상화가 그 한 예이다. 집 안에서 필요한 생필품 구입도 대부분 접속으로 가능해졌다.

넷째, 저탄소 경제로의 전환이다. 과거에는 무슨 일을 하기 위해 자동차, 버스, 기차, 비행기 등 교통수단을 활용해 직접 이동해야 했다. 이를 '트랜스포트Transpor' 사회라 한다. 이에 비교되는 단어가 '텔리포트Teleport' 사회다. 사적이고 공적인 많은 일이 사이버 세상에서 이루어지고 있다. 이동이 줄어들다 보니 상대적으로 원유 등 화석연료를 덜 쓰는 저탄소 경제로 전환하고 있다.

다섯째, 'ESG' 경영 등 기업 경영 환경의 변화다. ESG란 환경(Environment), 사회(Social), 지배 구조(Governance)를 아우르는 개념이다. 코로나19로 기후변화나 탄소배출 등 환경 문제가 더 부각되었다. 또한 경제 주체 간 혹은 주체 내의 차별화 심화로 기업의 사회적 책임이 더 커졌다.

여섯째, 헬스케어 산업의 발전이다. 인류가 오랫동안 직면한 문제는 기아, 역병, 전쟁이었다. 그러나 경이로운 경제 성장과 세계화로 이 문제를 상당 부분 극복해왔다. 성공이 야망을 잉태하는 것처럼 인류는 불멸, 행복, 신성화를 추구하고 있다.[1] 그러나 코로나19라는 역병은 수많은 사람의 생명을 앗아갔고 행복할 권리를 제한했다. 코로나19를 극복하는 과정에서 의학은 한 단계 더 발전할 것이며, 사람들은 이전보다 건강에 더 관심을 갖게 될 것이다.

일곱째, 부의 불균형 심화와 큰 정부의 출현이다. 코로나19로 경기가 침체되고 회복하는 과정에서 부자(특히 자산 보유자)는 더 부자가 되고 빈자는 더 가난해졌다. 이른바 'K자형 경기 회복'이다. 과거 역사를 보면 소득 불균형이 극단적으로 심화하면 전쟁, 혁명, 전염

---

1 유발 하라리(김명주 역), 『호모 데우스』, 김영사, 2017.

병에 의해 해결되는 경우가 많았다.[2] 당장 전쟁이나 혁명은 발생하지 않을 것이다. 역병이 소득 불균형을 해소하는 이유는 다음과 같다. 14세기 흑사병으로 경험한 것처럼 전염병은 수많은 사람을 사지로 내몰았다. 전염병이 지나갔을 때 기업은 노동력 부족 때문에 실질 임금을 올리면서 근로자를 고용했다. 의료 과학의 발달과 인류의 현명한 대처로 이번 코로나19는 흑사병에 비해 피해 정도가 훨씬 작다. 그러나 소득 불균형이 해소되지 않으면 또 다른 역병이 올 수도 있다. 코로나19가 인류에게 주는 경고다. 소득 불균형 심화는 큰 정부를 초래한다. 정부가 각종 제도나 세제를 통해 소득 불균형을 해소하려 할 것이기 때문이다. 큰 정부는 상대적으로 국제기구 역할의 축소를 의미한다.

여덟째, 부채와 자산 가격의 거품 문제도 해결하고 넘어가야 할 과제다. 2008년 미국에서 발생한 금융위기가 전 세계로 확산하면서 경기가 침체에 빠졌다. 각국 정부와 중앙은행의 과감한 재정 및 통화정책으로 세계 경제는 어느 정도 회복되었으나, 이 과정에서 각 경제주체의 부채가 크게 늘었다. 부채를 조정해야 할 시점에서 코로나19

---

2   발터 사이델(조미연 역), 『불평등의 역사』, 에코리브르, 2017.

가 왔다. 세계 경제는 1930년대 이후 최악의 침체에 빠졌고, 각국 정책 당국은 다시 재정과 통화정책을 더 적극적으로 운용했다. 그러나 부채는 급증했다. 여기에 풍부한 유동성과 저금리로 주식 등 자산 가격에 거품이 발생했다.

마지막으로 코로나19가 남긴 가장 중요한 것은 마스크의 일상화에 담긴 의미다. 마스크는 '너도 살고 나도 살자'라는 상생의 의미를 담고 있다. 우리가 마스크를 쓴 이유는 정부의 규제와 법 때문이 아니다. '너의 아픔이 나의 아픔이고 너의 행복이 나의 행복인 것을 알기 때문에 쓴 것'이다.[3] 이른바 'K방역 성공'의 본질이다.

앞서 코로나19가 우리에게 남긴 9가지 변화를 살펴보았다. 한마디로 요약하면 과거와는 전혀 다른 사회 및 경제 질서가 코로나 이후로 태동하고 있다는 것이다. 이러한 의미에서 클라우스 슈밥Klaus Schwab 세계경제포럼WEF 회장은 '그레이트 리셋Great Reset'이라는 단어를 사용했다.[4] 그는 코로나로 경제 성장, 정부 부채, 고용, 복지 등 전반에 걸

---

3 이어령, "코로나 코너 돌면 상생 공존의 생명화 시대 펼칠 것", 《중앙일보》, 2021.2.6.
4 클라우스 슈밥(이진원 역), 『클라우스 슈밥의 위대한 리셋』, 메가스터디BOOKS, 2021.

처 심각한 문제가 드러났으며, 세계의 지속 가능한 성장을 위해서는 경제와 사회 시스템을 완전히 개조해야 한다고 강조했다. 슈밥 회장은 그레이트 리셋을 어느 한 나라의 문제가 아니라 세계 전체가 직면하고 극복해야 할 과제로 보았다.

한편 이주열 한국은행 총재도 2021년 1월 '2021년 범금융권 신년사'에서 "올해 금융권의 위기 관리 능력이 진정한 시험대에 설 것"이라며 "모든 것을 재설정한다는 그레이트 리셋의 비상한 각오가 필요한 때"라고 강조했다.

인류는 코로나19가 남긴 과제를 현명하게 극복하고 역사는 진보할 것이다. 그러나 그 과정에서의 진통은 불가피하다. 눈앞에 있는 문제는 부채와 자산 가격 거품을 충격 없이 해소해가는 것이다.

이 책에서는 코로나19가 가져다준 그레이트 리셋에 기초해 주로 경제와 금융시장 측면에서 현재를 진단하고 미래를 전망해보려 한다.

1장

세계 경제,
부채에 의한
성장의 한계

1930년대 대공황 이후
최악의 경기 침체

♦

IMF(국제통화기금)에 따르면 2020년 세계 경제는 마이너스(-) 3.5% 성장해, 1930년대 대공황 이후 최악의 침체에 빠졌다. 2008년 미국에서 시작한 금융위기가 전 세계로 확산되었던 2009년에도 세계 경제성장률은 -0.1%에 그쳤다.

그러나 각국 정책 당국의 적극적 재정 및 통화정책으로 2020년 하반기부터는 중국을 중심으로 세계 경제가 회복 국면에 접어들었다. IMF는 경기 확장 추세가 2022년까지 지속할 것으로 내다보고 있다.

하지만 2008년, 2020년 두 차례의 경제위기를 겪으면서 세계 전체뿐만 아니라 각 경제 주체의 부채가 지속할 수 없을 정도로 늘어나고 있다. 2008년 경제위기 동안 지출 측면에서 국내총생산 (GDP=C+I+G+X-M)을 구성하는 소비(C), 투자(I), 수출(X)이 급격하게 줄었다. 이에 따라 실제 GDP가 잠재 수준을 크게 하회했다. 그래서 정부는 경기 부양을 위해 재정 지출(G)을 크게 늘렸다. 중앙은행은 소비와 투자를 부양하기 위해서 기준금리를 0%에 가까이 인하했고, 양적완화를 통해 대규모로 통화를 공급했다.

이 과정에서 미국 등 선진국의 정부가 부실해졌다. 중국 등 신흥국의 경우에는 기업 부채가 크게 늘었다. 한국 등 일부 국가에는 가계 부채가 급증했다. 부채에 의한 성장의 한계가 드러날 시점에 코로나 19가 발생해 수요가 급격하게 위축됐다. 각국의 정책 당국은 2008년 금융위기 때보다 더 과감한 재정 및 통화정책으로 대응했다. 이후 백신 개발 등으로 코로나19에 대한 대응책이 마련되었고 경제 성장에 대한 기대감으로 인해 2020년 하반기부터 세계 경제는 조금씩 제자리를 찾고 있다. IMF는 2021년 세계 경제성장률이 5.5%로 V자형 반등을 보인 후, 2022년에도 4.2% 성장해 장기 평균(1980~2020년 3.3%)보다 높은 성장을 전망했다.

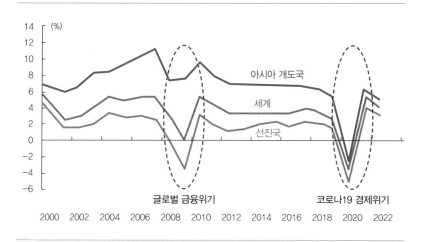

세계 경제성장률 추이 및 전망

아시아 개도국

세계

선진국

글로벌 금융위기

코로나19 경제위기

주: 2021~22년은 전망
자료: IMF(2021.1)

2021~2022년
또 다른 위기?

♦

그러나 이것은 부채에 의한 성장의 한계를 부채로 극복하고 있는 셈
이다. 2008년에 이어 2020년에도 세계 부채 규모는 급격하게 늘었다.
앞으로의 문제는 세계 경제가 부채를 극복하고 지속적으로 성장할
것인가 아니면 부채 위기를 겪을 것인가에 있다.

　IMF는 2021년 1월 세계경제전망WEO, World Economic Outlook에서

2021~22년 세계 경제가 4~5% 성장할 것으로 전망했다. 아래 그래프는 세계 GDP 경로를 간단하게 설정한 것으로, IMF 전망은 '낙관'에 해당하는 경우다. 그러나 부채로 인한 성장의 한계가 드러나고, 여기에 자산 가격의 거품마저 붕괴하면 세계 경제는 1~2년 이내 다시 극심한 침체에 빠질 수 있다. 여기에다가 미중 패권 전쟁이 완만한 해결책을 찾지 못하면 세계 경제는 2020년보다 더 심각한 침체의 늪에 빠질 수 있다. 그래프에서 '비관'으로 그려진 경로다.

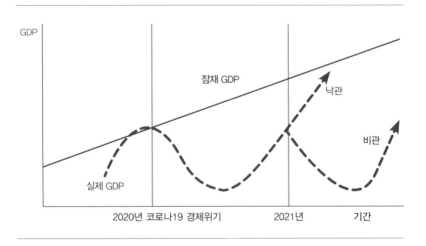

세계 GDP 성장 경로 전망

미국 역사상
가장 큰 거품 발생

♦

글로벌 경제가 낙관적 시나리오처럼 성장하기 위해서는 3가지 문제를 풀고 넘어가야 한다. 첫째, 부채 증가보다 높은 경제 성장을 하면서 부채에 의한 성장의 한계를 극복해야 한다. 둘째, 자산 가격 거품을 큰 충격 없이 해소하는 것이다. 셋째, 미중 패권 전쟁의 원만한 해결이다.

첫 번째와 두 번째 문제가 미국에서 가장 심각하다. 우선 미국의 부채가 급증하고 있다. 2020년 3분기 기준 민간과 공공 부문을 합한 총부채가 90조 2741억 달러로 사상 최고치를 기록했다. 금융위기 발생 직전인 2007년(53조 9780억 달러)에 비해서 67.2%나 증가한 수치다. 같은 기간 민간 부문(가계, 기업, 금융) 부채는 41.5% 증가했으나, 공공 부문 부채는 무려 192.0%나 급증했다. 명목 GDP 대비 부채도 같은 기간 178.5%에서 426.7% 증가했다.

GDP에 비해서 부채가 급격하게 늘어난 것뿐만 아니라 주식시장에도 거품이 발생했다. 미국의 자금순환 통계 기준으로 보면 2020년 3분기 기준 주식의 시가총액은 57조 679억 달러로, 명목 GDP(21

미국 주식시가총액/GDP 대비 사상 최고치 경신

자료: Federal Reserve Economic Data

조 1703억 달러) 대비 269.6% 수준이다. 유례없는 사상 최고치를 기록한 것이다. 1952년 이후 주식시가총액/GDP 비율의 장기 평균이 105.5%였고, 2000년 이후로는 178.3%였다. 2000년 정보통신 거품 때도 209.5%였던 것을 고려하면 미국 주식시장의 거품은 심각하다.

전설적 투자가 제레미 그랜덤Jeremy Grantham GMO 최고경영자는 "시장은 이미 정점을 지나 거품의 후반 단계에 접어들어 이제는 폭락 국면을 향하고 있다. 2020년 거품이 남해 거품, 대공황 직전의 1929년, 정보통신 거품이 절정을 이뤘던 2000년과 함께 금융 역사에 가장 큰

28

그레이트 리셋

거품으로 기록될 것이다"라는 주장까지 내놓았다.[1] 이와 더불어 워런 버핏Warren Buffett, 조지 소로스George Soros와 함께 세계 3대 투자자로 알려진 짐 로저스는 "아주 위험한 시간이 다가오고 있다", "2021년이나 2022년에 증시 투매 현상이 나타날 것이다", "위기는 산불과 같이 확산될 것이다"라고 경고했다. 심지어 그는 "내 인생에서 최악의 시간이 될 것"이라고 덧붙이기도 했다.[2] 물론 과거의 경험에서 알 수 있는 것처럼 거품은 사전적으로 진단하기 어렵고, 꺼지고 난 다음에야 거품이었다고 이야기할 수 있다.

2008년 글로벌 금융위기 이후
세계 부채의 급증

♦

부채 문제는 미국에만 한정되어 있지 않다. 현재 전 세계 부채는 역사상 가장 큰 규모로 빠르게 증가하고 있으며, 그 영역조차 광범위하다. 각국 정책 당국이 선제적으로 대응하지 못하면 앞으로 1~2년 이

---

1 https://www.gmo.com/asia/research-library/waiting-for-the-last-dance
2 짐 로저스, 『돈의 미래』, 리더스북, 2020.

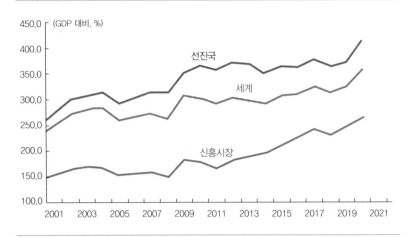

세계 부채 급증

(GDP 대비, %)

선진국

세계

신흥시장

주: 2020년은 2분기 기준
자료: 국제결제은행

내에 글로벌 경제는 전례가 없을 정도의 큰 위기를 겪을 수 있다.[3]

부채는 지난 50여 년 동안 세 차례 급증했는데, 그 결과는 금융위기나 심각한 경기 침체였다. 1970~89년 주로 남미 국가에서 정부 부채가 증가했고 이들 국가가 위기를 겪었다. 1990~2001년에는 동남아 국가에서 기업 부채 위기가 발생했고, 이 위기는 러시아와 터키까지 확산됐다. 2002~09년에도 부채가 급격하게 증가하면서 결국에는

---

3 이 부분은 필자가 《내일신문》에 기고한 글("부채위기를 부채로 극복할 수 있을까?", 20201.1.3.)에서 인용했다.

선진국인 미국을 중심으로 글로벌 경제가 심각한 금융위기와 더불어 마이너스 성장을 겪었다.

2008년 미국에서 시작한 금융위기가 전 세계로 확산하면서 2009년 세계 경제가 1980년 이후 처음으로 마이너스 성장률을 기록했다. 이에 따라 각국 정책 당국이 과감한 재정 및 통화정책으로 경기를 부양했고 그 이후 2010~19년 세계 경제성장률이 연평균 3.8% 성장했다. 그러나 이 과정에서 각 경제 주체의 부채가 크게 늘었다. 국제결제은행에 따르면 2007년 111조 1596억 달러였던 세계 부채가 2020년 2분기에는 196조 5000달러로 76.8%나 증가했다. 같은 기간 선진국 부채가 94조 2671억 달러에서 134조 7910억 달러로 43.0% 늘었고, 신흥국의 경우에는 16조 8924억 달러에서 61조 7100억 달러로 무려 265.3%나 급증했다.

더 심각한 문제는 GDP보다 부채가 훨씬 빨리 늘어난 데 있다. 2007년 GDP 대비 271.4%였던 세계 부채가 2020년 2분기에는 357.3%로 크게 늘었다. 동 기간에 선진국은 271.4%에서 415.5%, 신흥국은 158.0%에서 265.3%로 증가했다.

선진국은 정부 부실,
신흥국은 기업 부실

◆

미국 등 선진국의 부채 증가는 정부 주체로 이루어졌다. 2008년 GDP 대비 정부 부채 비율이 76.5%였으나 2019년에는 109.1%로 증가했다. 반면 신흥국의 부채를 늘린 건 기업이었다. 같은 기간 신흥국의 GDP 대비 기업 부채 비율이 56.0%에서 100.7%로 증가한 것이다. 특히 중국의 기업 부채 비율은 2008년 93.9%에서 2016년에는 159.5%(2019년 149.3%)로 가장 높은 상승률을 기록했는데, 규모로 보면 2008년 4조 5640억 달러였던 중국 기업 부채가 2019년에는 21조 130억 달러로 증가했다. 이로 인해 중국의 기업 부채 비율이 세계 부채에서 차지하는 비중은 10.1%에서 28.6%로 급증했다.

가계 부채는 상대적으로 안정적이었다. 2008년 GDP 대비 59.9%였던 가계 부채 비율(조사 대상 43개국)이 2019년에는 61.6%로 소폭 증가하는 데 그쳤다. 그러나 한국의 경우는 같은 기간 71.0%에서 95.2%로 급증했다.

세계 경제가 과다한 부채 문제로 진통을 겪어야 할 시기에 코로나19로 극심한 침체에 빠졌다. IMF는 2020년 세계 경제를 −3.5% 성장한 것으로 추정했다. 1930년대 대공황 이후 가장 심한 경기 침체를 겪은 셈이다. 이에 따라 각국 정책 당국은 다시 적극적 재정 및 통화정책으로 대응했다. 특히 미국 정책 대응은 이전과 비교할 수 없을 정도로 신속하고 규모가 컸다. 2020년 한 해 동안 미국 정부는 연방정부 예산의 22%에 해당하는 4조 1000억 달러를 기업 및 가계 등의 지원에 사용했다. 미 연방준비제도Fed의 대응도 놀라울 정도였다. 2020년 3월에 긴급 공개시장위원회FOMC를 두 차례 개최해 연방기금금리의 목표 수준을 2.25~2.50%에서 0~0.25%로 인하했고, 3월과 6월 사이에 거의 3조 달러의 돈을 시장에 공급했다. 정도의 차이가 있을 뿐 다른 나라의 정책 당국도 같은 방향으로 대응했다.

문제는 이 과정에서 각 경제의 부채가 더 늘어나는 데 있다. 선진국의 정부 부채가 2019년 말 109.0%에서 2020년 2분기에는 126.7%로 늘었고, 신흥국의 기업 부채도 같은 기간 100.7%에서 108.8%로 증가했다. 아직 정확한 통제가 발표되지 않았지만, 2020년 하반기 이후에도 각국 정부와 중앙은행이 적극적으로 대응한 만큼 2020년 말 각 경제 주체의 부채 비율은 늘었을 것이다.

더 심각한
한국 부채 문제

♦

한국의 1997년 외환위기(이른바 IMF 경제위기)는 한마디로 부실한 기업과 은행을 처리하는 과정이었다. 한국 경제는 1980년 후반 '3저(저유가, 저금리, 저달러(=엔강세))호황'으로 수출이 크게 증가하면서 단군 이래 최대 호황이라는 말이 나왔을 정도로 고성장(1986~88년 연평균 12% 성장)을 누렸다. 이 시기 기업들은 미래를 낙관적으로 보고 투자를 크게 늘렸다. 그러다 GDP 대비 기업 부채 비율이 1988년 63.4%에서 1997년에는 107.2%로 증가했다. 기업 부실이 은행 부실로 이어져 경제위기를 겪었던 셈이다. 그 이후 기업의 구조조정으로 기업 부채 비율이 2005년 73.3%까지 낮아졌으나, 2020년 2분기에는 108.3%까지 높아져 외환위기 수준을 넘어서고 있다.

IMF 처방에 따라 30대 재벌 그룹 중 11개가 해체될 정도로 뼈아픈 구조조정을 시행했지만, 비교적 빠른 시기에 위기를 극복할 수 있었던 것은 당시 가계와 정부가 상대적으로 건전했기 때문이었다. 한국은 1997년 GDP 대비 가계 부채 비율이 49.9%로 낮은 수준이었다. 특히 정부 부채는 5.7%로 매우 낮았기 때문에 정부가 공적자금 169조 원 정도를 투입해서 구조조정을 촉진할 수 있었다.

그러나 그 이후 가계와 정부 부채가 지속적으로 늘고 있다. 1988년 GDP 대비 32.4%였던 가계 부채 비율이 2020년 2분기에는 98.6%까지 급증했다. 같은 기간 선진국 가계 부채는 76.0%에서 75.3%로 소폭 낮아졌고, 신흥국 가계 부채는 19.7%에서 45.2%로 크게 증가했으나 수준 자체는 한국보다 훨씬 낮다.

한국 가계 부채가 이처럼 늘어난 이유를 4가지 정도로 요약해볼 수 있다.

첫째, 가계의 과소비에 있다. 외환위기 직전 해(1996년) 가계 순저축률은 15.1%였으나 2002년에는 0.1%로 급감했다. 그 후 가계 순저축률이 올라갔으나 2003~19년 연평균 4.4%로 여전히 낮은 수준을 유지하고 있다.

둘째, 국민총소득에서 가계 몫의 상대적 축소도 가계 부채의 증가 요인으로 작용했다. 1990~97년 국민총소득에서 가계 소득 비중은 연평균 71%였으나 2008~19년에는 61%로 낮아졌다. 같은 기간 기업 비중은 17%에서 27%로 증가했다. 상대적으로 가계는 가난해지고 기업은 부자가 셈이다. 일종의 부채 총량 불변의 원칙에 따라 가계가 부족한 소득을 부채로 메꾼 것이다.

셋째, 기업 자금 수요 감소에 따른 은행의 가계 대출 증가도 가계 부채 증가의 원인이었다. 1998년 은행 대출 비중을 살펴보면 기업이

71%, 가계가 29%를 차지했다. 그러나 외환위기 이후 기업의 구조조정으로 기업 자금 수요가 줄어들자 은행은 가계 대출을 크게 늘렸다. 2006년 가계 대출 비중은 은행 비중(48%)을 넘어서기도 했다. 2016년 이후로는 가계와 기업 대출 비중이 50:50 수준을 유지하고 있다.

넷째, 가계 부채 증가의 근본 원인은 저금리에서 찾을 수 있다. 사람들은 돈을 빌려 집을 샀고 주택 가격은 지속적으로 상승했다. 최근에는 이러한 학습 효과가 주식시장으로까지 확대되었다. 금리가 낮기 때문에 돈을 빌려 소비하고 자산을 구입해도 언제든지 갚을 수 있

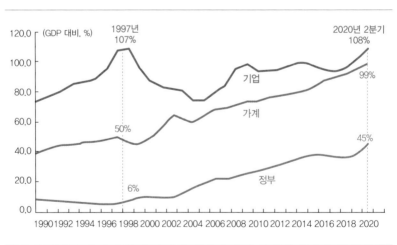

기업, 가계, 정부 순서로 부채 증가 추세를 보이는 한국

주: 2020년은 2분기 기준
자료: 국제결제은행

그레이트 리셋

을 것이라는 생각이 근저에 자리잡고 있는 것이다.

여기에다가 정부 부채도 급증하고 있다. 국회예산정책처에 따르면, 2020년 GDP 대비 44.5%일 것으로 추정되는 정부 부채 비율이 2022년에는 50%, 2040년에는 100%를 넘어설 전망이다. 기업 부채가 다시 외환위기 전 수준으로 올라가고 있는데, 버팀목 역할을 했던 가계와 정부가 부실해지고 있다는 이야기다.

정형화한
부채 사이클

♦

지금까지 살펴본 것처럼 2008년, 2020년 경제위기를 극복하는 과정에서 각 경제 주체의 부채가 크게 증가했다. 여기에서는 부채 문제를 장기적으로 연구해온 레이 달리오Ray Dalio의 저서 『금융 위기 템플릿 BIG DEBT CRISES』[4] 내용을 요약해 글로벌 경제와 금융시장의 미래를 조망하고자 한다.

첫째, 달리오는 부채 사이클에는 정형화한 패턴이 있다고 주장한

---

4   Ray Dalio, 『Big Debt Crises』, Bridgewater, 2018.

다. 우선 그는 신용credit은 곧 부채debt라고 정의한다. 신용은 구매력을 제공하나 상환해야 한다는 의미에서 부채와 같다는 것이다. 신용과 부채 증가는 '무엇을 생산하는가'와 '부채가 상환될 수 있는가'에 따라 좋은 것일 수도 나쁜 것일 수도 있다. 즉, 차입한 돈이 부채를 상환할 정도의 충분한 소득으로 이어져 생산적으로 사용된다면 신용과 부채는 좋은 것이다.

둘째, 달리오는 '부채 위기는 불가피한가'라는 질문을 던지고 답했다. 경제정책뿐만 아니라 경제 주체의 심리에 따라 거품의 생성과 붕괴는 늘 있어왔다. 정치인은 신용 수축보다는 확장을 선호하기 때문에 역사적으로 거품이 있었다는 것이다.

셋째, 부채 위기에는 순환이 있는가라는 질문에 대해서도 돈의 차입과 상환 과정에 일정한 패턴이 있다는 것을 확인했다. 이에 대해서는 다음에 자세히 설명할 것이다.

마지막으로 부채 위기가 발생한 후 4가지 대처 방법이 있었다. 첫째, 긴축정책. 둘째, 파산 및 부채 재조정. 셋째, 중앙은행의 통화 발행과 자산 매입. 넷째, 부자에서 가난한 사람에게 돈과 신용을 이전하는 것이었다.

달리오는 부채 위기 후 GDP가 3% 이상 줄어든 48번의 부채 사이클을 조사했다. 결론적으로 부채 위기는 부채를 상환하는 데 필요한 소득보다 부채와 이자가 더 빠르게 증가할 때 발생했다. 위기 후 부채를 조정하는 과정(디레버리징)이 뒤따랐는데, 크게 2가지 유형이 있었다.

첫 번째는 '디플레이션을 동반한 경기 침체deflationary depressions'였다. 주로 자국 통화로 발행한 과다한 부채가 위기 원인이었고, 중앙은행의 금리 인하와 구조조정으로 해결되었다. 두 번째는 '인플레이션과 동시에 발생하는 경기 침체inflationary depressions'였다. 이 위기는 주로 신흥국에서 국외 통화(주로 달러)로 부채가 급증했을 경우 발생했다. 이 경우 정책 당국은 인플레이션과 경기 침체를 동시에 해결해야 하는 어려운 문제에 직면했다.

부채 사이클의
국면별 특징

◆

달리오는 부채 사이클을 5단계로 구분해 설명하고 있다. 우선 그래프를 통해 전체적으로 보면 위기(0 시점으로 표시)가 발생하기 5년 전부터 GDP 대비 부채가 빠른 속도로 증가했다. 위기 이후 3년 정도 부

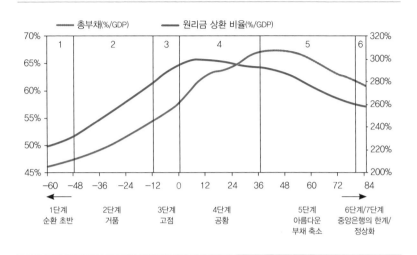

자료: Ray Dalio, 『Big Debt Crises』, "Part 1: The archetypal debt cycle"

채/GDP 비율이 더 올라갔는데, 위기 후 부채가 크게 증가했다라기보
다는 경기 침체로 분모에 있는 GDP가 감소했거나 증가세가 둔화되
었기 때문이다. 그다음 단계에서는 4년 정도 부채가 감소하는 과정
(디레버리징)이 전개되었다.

원리금 상환 비율이 부채 사이클을 더 잘 나타내준다. 이 비율도
위기 전까지 지속적으로 상승한다. 부채 규모 자체가 늘어날 뿐 아니
라 경기 확장 국면으로 금리도 상승하기 때문에 이자 부담이 높아진
다. 그러나 위기가 시작되면 중앙은행은 통화 공급을 늘리고 금리를

내린다. 따라서 GDP 대비 원리금 상환 비율이 부채 비율보다 더 빨리 낮아지게 된다.

단계별 내용을 들여다보기 전에 전체 특징을 살펴보면 표와 같다. 우선 거품 기간 동안 소득보다 부채가 평균 40% 정도 빠르게 증가했다. 주가는 평균 48% 상승했고, 장단기 금리 차이가 역전된 현상이 발생했다.

이제 단계별 특징을 들여다보자. 1단계는 GDP가 부채보다 더 빠르게 성장한다. 부채가 생산적 자원에 투자되면서 소득을 충분히 창출해주기 때문이다. 이 단계에서 기업의 부채 부담은 낮고 재무제표는 건전한 상태를 유지한다. 경제성장률은 높아지나 물가는 안정되는 이른바 '골디락스' 경제다.

2단계는 거품이 생성되는 단계다. 이 시기에는 부채가 소득보다 더

거품 기간 특징

	거품 기간 변동률 평균	범위
소득보다 빠른 부채 증가	40%	14~79%
주식시장 상승률	48%	22~68%
수익률 곡선 평탄화	1.4%	0.9~1.7%

주: 수익률 곡선 평탄화는 장단기 금리의 차이
자료: Ray Dalio, 『Big Debt Crises』, "Prat 1: The archetypal debt cycle"

빠르게 늘어난다. 주가 등 자산 가격이 큰 폭으로 상승하고 가계는 미래를 낙관적으로 내다보면서 돈을 빌려 자산을 매입하는 동시에 소득 이상으로 지출을 늘린다. 기업도 차입한 돈으로 투자를 늘린다. 2단계 후반에 가면 가계와 기업은 부채 상환이 점차 어려워지고 있다는 것을 깨닫게 된다.

3단계 들어서는 주식시장에 강세장Bull Market이 나타난다. 기업 이익이 증가하고 경제성장률도 높아진다. 각 경제 주체는 미래를 더 낙관적으로 내다본다. 시장에 신규 진입자도 크게 증가한다. 이 단계에서 투자자들은 단기로 돈을 빌려 장기 자산에 투자한다. 특히 차입한 돈으로 리스크가 높은 자산에 투자하기도 한다. 국내에서 만족하지 않고 해외 통화를 차입해 해외 자산에도 투자한다. 후반에 가서는 부채가 GDP의 300% 정도까지 급증하고, 원리금 상환 비율이 GDP의 20~25%에 이르러 부채 상환 능력이 크게 줄어든다.

거품 판단의
기준은?

♦

의사는 조직검사 등을 통해 암을 진단하고 처방을 내린다. 그러나 거품 진단에는 명확한 방법이 없다. 거품이 꺼지고 나서야 알 수 있다. 투자자마다 자산에 기대하는 가격이 다르기 때문이다. 이 시기에 '미친 사람은 아무도 없다'라는 말이 나올 정도로 각 경제 주체는 자기가 추정하는 가격이 합리적이라고 생각한다.

그러나 레이 달리오는 7가지 기준으로 거품 여부를 판단한다. 첫째, 가격이 전통적 척도에 비해 높은가? 둘째, 가격이 미래의 이익을 과대평가하고 있는가? 셋째, 투자자들이 높은 레버리지를 활용해 자산을 매입하고 있는가? 넷째, 소비자와 기업이 미래를 낙관적으로 내다보고 소비와 투자를 과다하게 늘리고 있는가? 다섯째, 시장에 신규 참여자가 증가하고 있는가? 여섯째, 시장에 낙관적 분위기가 팽배한가? 일곱째, 통화정책 긴축 리스크가 거품을 붕괴할 수 있다는 우려가 나오는가?

이러한 기준에 따라 과거 10번의 주요 경제(금융)위기 상황을 보면 예외 없이 자산 가격이 전통적 척도(예를 들면 주식시장 시가총액을 GDP로 나눈 '버핏지수')에 비해 과대평가되었고, 미래에 대한 낙관으로 자산 가격이 급등했다. 또한 대규모 차입에 의해서 자산이 매수되었다. 그 결과는 표에 요약되어 있다.

거품 판단 지표로 본 과거 위기 사례

	미국 2007	미국 2000	미국 1929	일본 1989	스페인 2007	그리스 2007	아일랜드 2007	한국 1994	홍콩 1997	중국 2015
가격이 전통적 척도에 비해 높은가?	Yes	Yes	Yes	Yes	Yes	Yes	Yes	Yes	Yes	Yes
가격이 미래의 이익을 과대평가하고 있는가?	Yes	Yes	Yes	Yes	Yes	Yes	Yes	Yes	Yes	Yes
투자자들이 높은 레버리지를 활용해 자산을 매입하고 있는가?	Yes	Yes	Yes	Yes	Yes	Yes	Yes	Yes	N/A	Yes
소비자와 기업이 미래를 낙관적으로 내다보고 소비와 투자를 과다하게 늘리고 있는가?	Yes	Yes	N/A	Yes	No	Yes	No	Yes	Yes	No
시장에 신규 참여자 증가하고 있는가?	Yes	Yes	N/A	Yes	No	Yes	Yes	Yes	N/A	Yes
시장에 낙관적 분위기가 팽배한가?	Yes	Yes	N/A	Yes	No	No	No	N/A	N/A	Yes
통화정책 긴축 리스크가 거품을 붕괴시킬 수 있다는 우려가 나오는가?	Yes	Yes	Yes	Yes	No	Yes	No	No	Yes	Yes

자료: Ray Dalio, 「Big Debt Crises」, "Prat 1: The archetypal debt cycle"

부채 사이클 정점은
어떻게 판단할까?

◆

앞서 살펴본 거품 판단 기준 지표들이 절정에 도달한 다음에 4단계(경기 침체)에 접어든다. 3단계 후반에는 주가가 하락하기 시작한다. 이때 기업 수익은 증가세를 지속하고 있기 때문에 투자자들은 기대 수익에 비해 주가가 저평가되어 있다고 판단하고 주식을 더 사들인다.

그러나 주가는 지속적으로 하락하고 가계의 부wealth는 줄어든다. 점차 소비를 줄이게 되는 것이다. 시간이 갈수록 신용평가기관들은 기업의 신용등급을 낮추고 은행은 기업 대출을 줄이거나 환수한다. 주가의 하락 폭은 더 커지고 소비와 투자 감소로 경기는 침체에 빠진다. 은행의 대출 태도 변화로 부채 규모는 줄어들지만 GDP 대비 부채 비율은 더 늘어난다. 분모에 있는 GDP가 감소하기 때문이다.

부채 사이클의 정점은 주가 하락으로 먼저 나타나지만, 채권시장에서도 그 조짐을 미리 관찰할 수 있다. 장단기 금리 차이의 역전이다. 보통의 경우라면 기간 프리미엄 때문에 장기금리가 단기금리보다 더 높다. 기간에 따른 금리를 연장한 선인 수익률 곡선yield curve이 우상향하는 것이다. 그런데 경기 침체가 예상되면 오히려 단기금리가 더 높아진다. 수익률 곡선이 역전되는 셈이다. 기간에 따라 다르지만 미국의 경우 수익률 곡선이 역전된 후 1~2년 이내 경기 침체가 왔다.

경기 침체 다음은 구조조정 단계다. 부실 기업이 파산하면서 고용이 줄고 소비도 위축되면서 경제성장률이 마이너스로 추락한다. 이때 정책 당국은 과감한 재정 및 통화정책으로 대응한다. 특히 중앙은행이 금리를 내리고 통화 공급을 늘려 경기를 부양한다. 경기 침체 정도가 약하다면 금리 인하의 효과가 시차를 두고 나타나 자산 가격 상승으로 가계의 부가 증가한다. 이자 상환 부담이 줄어 생존 기업이 다시 투자를 늘릴 계획을 세운다. 그래서 경기가 다시 회복국면에 접어들게 되는데, 달리오는 이를 5단계(아름다운 부채 축소)라 표현했다.

그러나 1930~32년 같은 대공황에는 통화정책에도 한계가 있었다. 가계와 기업은 경기 침체와 자산 가격 하락으로 부채 상환이 불가능하다. 많은 기업과 금융회사가 파산하고 자산 가격은 더 떨어진다. 기업 파산(은행 대출 감소)-고용 감소-소비 위축-기업 파산으로 연결되는 부채의 악순환Debt death spiral 현상이 나타날 수도 있다.

최악의 경우를 예를 들어보자. 미 연방준비제도 이사회 전 의장이었던 벤 버냉키Ben Bernanke 등이 쓴 경제 원론[5]을 보면 '신발공장 이야

---

5   Ben S. Bernanke & Robert H. Frank, 『Principles of Economics』

기'가 나온다. 그 이야기에서 할머니와 손자의 대화 내용 일부를 여기 소개한다.

할머니: 1930년대 중반이었지. 우리 부모들은 아이들에게 새 신발 한 짝을 사줄 수 있는 게 행복이었지. 당시 많은 아이가 신발이 찢어질 때까지 신어야 했고, 몇몇 불운한 아이들은 맨발로 학교에 다녀야 했단다.

손자: 왜 그들의 부모는 신발을 사주지 않았죠?

할머나: 살 수가 없었단다. 돈이 없었지. 대부분의 아버지는 대공황 때문에 직장을 잃었단다.

손자: 어떤 직장을 가지고 있었는데요?

할머니: 신발 공장에서 일했는데, 공장 문을 닫아야만 했지.

손자: 왜 공장 문을 닫아야 했나요?

할머니: 왜냐하면 아무도 신발을 살 돈이 없었거든.

손자: 신발 공장이 문을 열어 아이들에게 필요한 신발을 생산하면 되잖아요.

할머니: 세상 일이 그렇게 돌아가지 않았단다….

미국 경제와 금융시장의 현 위치

◆

레이 달리오가 도식화한 부채 사이클에서 미국의 현 위치는 어디에 있을까? 정확한 답을 찾기는 어렵지만 3단계(Top)에 있을 가능성이 높다. 우선 이 책의 서두에서 본 것처럼 각 경제 주체의 부채가 GDP 대비 사상 최고치를 기록할 만큼 높은 수준이다.

다음으로 주식시장이 거품 영역에 접어들었다. 주식시장의 거품 여부를 판단하는 전통적 척도 가운데 하나가 주식시장 시가총액을 명목 GDP로 나눈 값인 이른바 '버핏지수'다. 시가총액은 어느 시장을 기준으로 하느냐에 따라 다르다. 여기서는 미 연방준비제도의 자금순환에서 각 경제 주체가 보유하고 있는 주식을 모두 합한 것을 시가총액으로 정의했다. 이를 기준으로 보면 2020년 3분기 버핏지수가 270%로 사상 최고치를 기록했다(28쪽 그래프 참조). 1952년 이후 장기 평균인 106%, 2000년 이후 평균인 176%보다 훨씬 높을 뿐만 아니라 정보통신 거품이 있었던 2010년 초의 210%를 크게 웃돌고 있다.

또 다른 전통적 척도는 PER(주가수익비율)이다. 미국의 대표적 주가지수인 S&P500의 PER이 2021년 2월 기준 39로 장기 평균인 16보다

2배 이상 높다. 기업 수익에 비해서 주가가 지나치게 올랐다는 의미다. 나는 미국의 산업생산, 소매 판매, 고용 등 주요 거시 경제 변수로 S&P500의 적정 수준을 판단하는데, 2021년 1월 기준으로 보면 주가는 42% 정도 과대평가되었다고 여겨진다.

미국 투자자들이 빚내서 주식을 사고 있는 것도 거품의 징조일 수 있다. 주식신용대출Margin debt이 2020년 11월 말에 7221억 달러로 사상 최대치를 기록했다. 3월말 저점 이후 67%나 늘었는데, 8개월 사이에 50% 넘게 증가한 적은 정보통신 거품이 붕괴되었던 2000년

미국 가계 금융자산 중 주식 비중

자료: Bloomberg, Federal Reserve Economic Data

3월, 2008년 금융위기를 앞둔 2007년 6월 이후 처음이었다.

주가 상승으로 2020년 9월 말 미국 가계의 금융자산(98조 7130억 달러) 가운데 주식 비중이 50%까지 올라가 1968년 이후 최고치를 기록했다. 과거 주식 비중이 2000년 3월 48%에 이어 2007년 6월에도 48%를 기록한 다음에 주가가 급락했었다.

주식시장의 거품 정도를 판단하는 전통적 지표에 따르면 미국 주식시장이 거품 영역에 들어선 것은 부인할 수 없는 사실인 셈이다. 거의 모든 지표가 2000년, 2008년 거품 붕괴 전의 모습을 보여주고 있다.

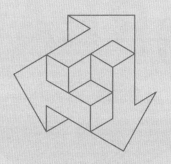

2장

부채와 자산 가격
붕괴의 원인

1장에서 살펴본 것처럼 미국을 중심으로 부채가 급증하고 주식시장에 부분적으로 거품이 발생했다. 이러한 부채와 거품은 어떤 계기로 해소될 수 있을까? 미국의 인플레이션과 금리 상승이 그 계기가 될 수 있다.[1]

최근 영국 《파이낸셜타임스》의 저명한 칼럼니스트인 마틴 울프 Martin Wolf[2]는 늑대 소년이 외치던 인플레이션이 조만간 올 것이라고 주장했다. 그는 이 글에서 앞으로 '대변동'의 시기가 도래할 것이기 때문에 미래는 과거와는 전혀 다르게 생각해야 한다고 강조했다.

과연 인플레이션 시대가 도래할 것인가? 인플레이션과 금리의 관

---

1 이 부분은 필자의 글 "늑대소년이 외치던 인플레이션이 다가오고 있다", 《내일신문》(2020.12.4.) 에서 인용했다.

2 "Why inflation could be on the way back", 《FT》, 2020.11.18.

계는 어느 정도인가? 어떤 경로를 통해 부채와 자산 가격에 영향을 줄 것인가? 이에 대한 답을 찾아보는 게 이 장의 목적이다.

1980년 이후 장기간 디스인플레이션 시대

◆

1960~80년은 인플레이션 시대였다. 1960년 1.4%였던 미국의 소비자물가상승률이 1980년에는 13.6%까지 다다랐다. 같은 해 한국의 소비자물가도 28.7% 급등했다. 이 시기에 급격한 인플레이션이 발생했던 주요한 원인은 1, 2차 오일쇼크에 따른 유가 급등이었다.

1973년에 일어난 1차 오일쇼크는 중동 국가들이 이스라엘을 고립하기 위해 석유 자원을 무기화하면서 발생했다. 이들은 원유 판매 가격을 크게 올리고 생산량을 순차적으로 줄이기로 했다. 또한 이스라엘뿐만 아니라 이스라엘을 지원하는 서방 국가들에도 수출을 중단했다. 이에 따라 국제유가(사우디아라비아의 아라비안 라이트 유가 기준)는 1973년 9월 말 배럴당 3.07달러에서 1974년 1월 말 11.65달러로 4개월간 거의 4배 상승했다.

1979년 이란혁명으로 2차 오일쇼크가 일어났다. 이란혁명은 미국과 소련의 냉전체제하에서 미국의 지원과 막대한 석유 이윤을 기반으로 탄압 정치를 펴던 팔레비 왕조가 붕괴하고 이슬람 원리주의에 입각한 이란 이슬람공화국이 탄생한 혁명이다. 이 혁명으로 이슬람교 시아파의 종교 지도자 호메이니가 최고 정치 지도자로 등장했다. 그는 미국과 단교를 선언하고 원유 수출을 전면 중단했다. 뒤따라 중동의 주요 산유국들도 원유 감산에 동참했다. 이에 따라 국제 유가는 1978년 초 배럴당 13.66달러에서 1981년 10월 말 38.28달러로 34개월에 걸쳐 180% 상승했다.

1, 2차 오일쇼크에 따른 유가 급등은 공급곡선을 좌측으로 이동시켜 경기 침체와 더불어 인플레이션을 초래했다. 이러한 상황이 발생하면 정책 당국은 경제 회복과 물가 안정 중 하나를 선택해야 한다. 당시 연방준비제도 의장 폴 볼커Paul Adolph Volcker는 물가 안정을 통화정책의 우선순위로 삼고 금리를 인상했다. 그가 연방준비제도 의장으로 취임한 1979년 8월에 연방기금금리의 실효 수준은 10.9%였다. 그는 '인플레이션 파이터'가 되어 금리를 과감하게 인상했는데, 1981년 1월에는 연방기금금리가 19.1%로 사상 최고치를 기록했다. 이러한 통화 긴축정책 영향으로 1981년부터 미국 물가가 점차 안정세를 찾기 시작했다. 참고로 한국 정부도 미국과 유사한 정책을 운용했다.

당시 한국은 지금의 기준금리 같은 정책 금리가 없었다. 그래

한미 소비자물가상승률 추이

자료: 통계청, 미 노동부

서 회사채 수익률로 당시 상황을 판단할 수밖에 없는데, 이 금리가 1980년 4월 32.3%였다. 현재 2%대인 것과 비교해보면 그야말로 격세지감이다.

2000년 이후로는 물가상승률이 매우 낮은 수준에서 안정되었다. 2000~20년의 미국의 연평균 물가상승률이 2.1%에 그쳤고 한국의 경우도 2.3%였다. 2010년 이후 10년간은 한국의 소비자물가상승률

이 연평균 1.6%로 미국(1.7%)보다 더 낮았다. 말 그대로 디스인플레이션 시대였다

2000년 이후 물가가 안정된 이유는, 우선 수요 측면에서 주요국의 실제 GDP가 잠재 수준 이하로 성장했기 때문이다. 예를 들면 2010~19년 사이에 미국의 실제 GDP가 잠재 GDP를 연평균 2% 정도 밑돌았다. 그만큼 공급에 비해서 수요가 부족했다는 의미다.

돈이 도는 속도도 크게 줄었다. 2008년 9배였던 미국의 통화승수(=광의통화(M2)/본원통화)가 2012년 이후에는 3~4배로 떨어졌고, 한국의 통화승수도 2008년 26배에서 2020년 12월에는 15배로 급락했다. 2008년 금융위기 이후 미국을 중심으로 전 세계 중앙은행이 통화를 대규모로 공급하고 있는데도 돈이 돌지 않기 때문에 물가가 안정되고 있는 것이다.

공급 측면에서는 글로벌라이제이션과 더불어 중국의 세계 시장 편입이 물가 안정에 크게 기여했다. 중국은 2001년 세계무역기구WTO에 가입하면서 저임금과 낮은 생산요소 비용을 바탕으로 상품을 싸게 생산해서 전 세계에 공급했다. 2001~20년 미국의 누적 무역수지 적자는 5조 4549억 달러에 이르고 있는데, 그만큼 중국 생산자가 미국 소비자에게 상품을 저렴하게 공급했던 것이다. 월마트에 진열된 상품의 절반 이상이 중국산일 정도다.

인플레이션 진원지로
전망되는 중국

♦

하지만 그동안 물가 안정을 초래했던 요인들이 변하면서 인플레이션 발생 가능성을 높이고 있다. 그 근거에는 4가지가 있다.

첫째, 각국의 정책 당국이 2008년 이후 두 차례의 경제위기를 극복하는 과정에서 재정 지출을 대폭 늘리고 통화 공급을 확대하고 있다. 이러한 재정 및 통화정책의 효과로 늦어도 2022년에는 실제 GDP가 잠재 GDP에 접근하면서 마이너스 GDP 갭률이 사라질 것이라는 전망이다. 그렇게 되면 초과 공급이 해소되고 물가가 상승하게 된다. 이때는 돈이 돌면서 통화승수도 다시 증가할 가능성이 높다.

둘째, 공급 측면에서도 물가를 상승시킬 요인이 많다. 그중 가장 중요한 것은 글로벌 가치 사슬 GVC, Global Value Chain의 붕괴다. 코로나19 이후 세계 경제 질서를 이끌었던 자유무역이 크게 후퇴하고 있다. 미국 정부는 제조업의 리쇼어링 정책을 강력하게 추진하고 있다. 일본 등 주요 선진국도 같은 정책을 펼치고 있다. 그래서 앞으로 'GVC' 대신에 'RVC Regional Value Chain' 혹은 'DVC Domestic Value Chain' 시대가 올 것이라는 주장도 나오고 있다. 문제는 그럴수록 기업의 생산비용이 올라가고 그 부담은 소비자에게 돌아간다는 것이다.

무엇보다도 세계의 공장 역할을 했던 중국이 더 이상 상품을 싸게 공급할 수 없게 된다. 중국의 임금 상승도 그 원인 중 하나다. 《파이낸셜타임스》에 따르면 2000년 중국의 임금은 미국의 3%에 지나지 않았으나 최근에는 20% 정도로 급등했다. 중국이 더 이상 상품을 싸게 생산할 수 없을 것이라는 이야기이다. 또한 중국은 쌍순환雙循環 전략을 추구하고 있다. 이는 대외적으로 개혁·개방을 지속하고, 대내적으로는 내수를 활성화하겠다는 경제 발전 전략이다. 중국은 내수, 특히 소비를 늘려 대외 상황에 영향을 덜 받는 안정적 경제 성장을 목표로 하고 있다. 이 과정에서 중국에서 생산한 상품 대부분이 중국에서 소비될 것이다. 이러한 추세가 지속되면서 몇 년 후에는 중국이 상품 수입국으로 전환할 가능성도 배제할 수 없다.

셋째,《파이낸셜타임스》가 지적한 것처럼 인구 고령화도 물가 상승 요인으로 작용할 수 있다. 보통 15~64세 인구를 생산 가능 인구로 분류하고 있는데, 선진국에서는 오래전부터 이 인구 비중이 지속적으로 감소하고 있으며, 2015년 이후로는 중국도 줄어드는 추세로 전환되었다. 상대적으로 생산 인구가 줄어들고 소비 인구는 늘어 물가가 상승할 수 있다. 미국 경제에서는 산업생산지수보다는 소매 판매액이 훨씬 더 빠른 속도로 늘고 있는데, 이것은 물가지수 상승 추세와 유사한 모습을 보이고 있다.

넷째, 각국 정부가 정책 차원으로 인플레이션을 유도할 가능성이 높다. 2008년 글로벌 금융위기를 극복하는 과정에서 정부 부채가 크게 늘었는데, 코로나19로 경기가 급격하게 위축되자 정부가 지출을 다시 확대하고 있다. 국제결제은행에 따르면 2007년 GDP 대비 61.2%였던 정부 부채가 2020년 2분기에는 91.7%로 크게 증가했다. 2020년 2분기 이후에도 각국 정부가 재정 지출을 크게 확대했기 때문에 부채 비율 역시 급증했을 것으로 추정된다. 특히 미 연방정부 부채는 2020년 3분기 127.4%로 2007년 62.9%에 비해 껑충 뛰었다. 물가가 상승하면 분모에 해당하는 명목 GDP가 증가하면서 GDP 대비 부채 비율은 낮아진다. 그러한 이유로 정책 당국은 인플레이션을 선호할 것이다.

미국의 경우에는 달러 가치 하락으로 다른 나라보다 인플레이션이 먼저 발생할 수 있다. 2020년 한 해 달러 가치가 주요국 통화에 비해 6.7% 하락했다. 다음 장에서 다루겠지만 미국 경제의 대내외 불균형 해소 과정에서 달러 가치는 앞으로 더 하락할 가능성이 높다. 달러 가치가 떨어지면 미국 생산자는 더 높은 비용으로 중간재를 수입해야 하고, 소비자 역시 더 높은 가격을 부담해야 한다.

금리 상승으로 드러나는
부채에 의한 성장의 한계

♦

미국을 중심으로 전 세계 시장금리가 매우 낮은 수준에 머물러 있다. 미국의 경우 장기적으로 보면 시장금리(국채 10년 수익률 기준)가 명목 GDP 성장률과 일치했다. 그러나 최근 시장금리가 실질 GDP 성장률보다 더 낮은 비정상적 상태를 보이고 있다. 경제 이론으로는 설명할 수 없는 현상이다.

세계 주요 대학에서 경제학 원론 교과서로 사용하는 『맨큐의 경제학』 저자인 그레고리 맨큐Nicholas Gregory Mankiw 하버드대학 교수가 최근 《뉴욕타임스》에 "저금리의 수수께끼"라는 제목의 기고문을 통해 저금리의 원인을 분석했다.[3] 그는 저금리 원인을 6가지 측면에서 찾았다.

첫째, 지난 20~30년간 소득 불균형 확대로 경제적 자원이 부유층에 집중되면서 투자시장에 돈이 넘쳐나게 됐다. 둘째, 중국의 급격한 경제 성장으로 중국인의 저축률이 높아지면서 전 세계의 금리를 떨어뜨렸다. 셋째, 2008년 글로벌 금융위기와 코로나19 충격이 미래의 불확실성을 높이면서 기성세대의 저축 성향이 더욱 높아졌다. 넷째,

---

3   Gregory Mankiw, "The Puzzle of Low Interest Rate",《The New York Times》, 2020.12.4.

1970년대 이후 생산성이 저하되고 이에 따른 성장률 둔화가 금리를 끌어내리고 있다. 다섯째, 실리콘밸리형 테크 산업은 과거 철도·자동차 공장만큼 자금 수요가 크지 않다. 여섯째, 전반적으로 현대 비즈니스는 과거만큼 많은 자금을 필요로 하지 않는다.

맨큐 교수가 지적한 이유 이외에 낮은 인플레이션이 저금리의 가장 중요한 원인이었을 것이다. 시장금리에는 물가상승률이 반영되어 있기 때문이다.

그러나 앞서 살펴본 이유로 인플레이션이 발생하면 우선 각국의 중앙은행은 금리를 인상할 것이다. 미 연방준비제도는 평균물가목표제를 도입하기로 한 만큼 물가 상승 초기에는 금리 인상을 자제할 것이다. 그러나 중앙은행의 가장 중요한 목표가 물가 안정이기 때문에 물가상승률이 목표치(대부분 2%)를 상당 수준 넘어서면 금리를 인상할 수밖에 없다.

또한 중국이 내수 중심으로 성장하면서 자본 수입국으로 전환할 수 있다. 맨큐 교수가 지적한 것처럼 중국은 저축률이 투자율보다 높아 세계 자금 공급원 역할을 했다. 2000~18년 중국의 연평균 저축률은 47.2%로 세계에서 가장 높은 수준을 유지했다. (같은 기간 미국은 17.7%였고 한국은 34.3%였다.) 동 기간 중국의 투자율은 43.6%로 저축률보다 3.6%p 낮았다. 그만큼 중국 내 여유 자금이 발생했고, 이를 세계에 공급했다. 특히 2000년 이후 중국은 무역에서 벌어들인 돈으로 미국 국채를 매입하면서 미국 금리를 낮추는 데 크게 기여했다. 그러나 중국이 글로벌 자금 수요자가 되면 금리는 다시 상승할 가능성이 높다.

금리가 오르면 각 경제 주체의 부채 문제가 드러날 것이다. 세계는 2008년, 2020년 두 차례의 경제위기를 과감한 재정 및 통화정책으로 극복해왔다. 그러나 이 과정에서 미국 등의 선진국은 정부 부채가 크게 늘었고, 신흥시장의 기업은 부실해졌다. 한국과 호주 같은 나라는 가계 부채가 대폭 증가했다. 금리가 오르면 부실한 국가부터 위기를 겪고, 각 경제 주체들은 뼈아픈 구조조정을 해야 할 것이다.

장기간 저금리와 풍부한 유동성으로 각종 자산 가격에 거품이 발생하고 있다. 물가 상승 국면의 초기에는 자산 가격이 더 오를 수 있다. 그러나 금리가 본격적으로 상승하기 전에 거품이 먼저 붕괴될 가능성이 높다.

그 시기는 아무도 모르지만 점차 다가올 것이다. 인플레이션 관련 지표들을 면밀히 관찰해야 하는 이유다.

초저금리와 유동성 급증으로
실물과 금융의 괴리 확대

♦

인플레이션과 금리의 관계에 이어 자산 가격에 대해서도 더 자세히 살펴보자. 2020년 세계 경제는 1930년대 대공황 이후 가장 깊은 침체의 늪에 빠졌으나, 주가 등의 자산 가격은 급등했다. 풍부한 유동성과 초저금리로 실물과 금융의 괴리가 크게 벌어진 것이다. 2021년 실물경제는 회복 국면에 접어들고 자산 가격이 조정을 보이면서 그 괴리가 좁혀질 가능성이 높아 보인다. 앞서 살펴본 미국 물가와 금리 상승이 그 계기가 될 전망이다.

IMF에서 세계 경제성장률을 발표하기 시작한 1980년 이후 최악의 경기 침체였던 2020년, 세계 경제는 -3.5% 성장했다. 그러나 주가와 집값 등 자산 가격은 크게 상승했다. 모건스탠리 캐피털 인터내셔널 사가 작성해 발표하는 세계 주가지수는 2020년 14% 올랐다. 2020년 미국의 경제성장률이 -3.5%였으나 주가(S&P500)는 16% 상승했다. 한국 경제도 2020년 -1% 성장으로 외환위기를 겪었던 1998년 이후 처음으로 경제 성장이 후퇴했으나, 코스피는 31%나 급등했다. KB국민은행 통계에 따르면, 전국 평균 아파트 가격도 10% 상승했다.

이처럼 실물과 금융의 괴리가 확대된 것은 코로나19에 따른 경제

그레이트 리셋

위기를 극복하기 위해서 각국 중앙은행이 금리를 인하하고 대규모로 통화 공급을 늘렸기 때문이다. 2020년 12월 미국의 광의통화(M2)는 전년 동월에 비해 25%나 증가했고, 특히 협의통화(M1) 증가율은 345%에 이르렀다. 이들 통화지표가 작성되기 시작한 1959년 이후 가장 높은 상승률이다.

한국의 경우도 2020년 12월 평잔 기준으로 M2와 M1이 각각 10%

미국의 통화 증가율 추이

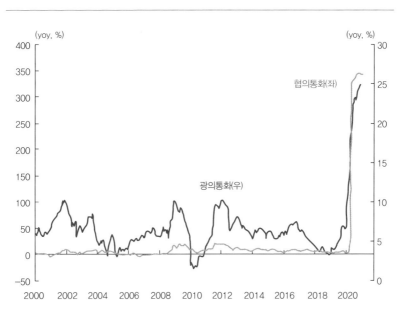

자료: Federal Economic Data

와 29%씩 증가했다. 이에 따라 명목 GDP에 비해서 통화량이 급격하게 증가했다. M2를 명목 GDP로 나눈 것을 '마샬케이Marshallian K'라 하는데, 이것이 증가하는 추세다. 2020년 2분기 미국의 마샬케이가 0.91로 사상 최고치를 기록했고, 한국 역시 1.61로 최고치였다.

실물에 비해 많이 풀린 통화량이 저금리를 초래한 가장 중요한 요인이었다. 그러나 문제는 현재 시장금리가 적정 수준보다 지나치게 낮다는 데 있다. 우리가 시장에서 관찰하는 명목금리는 실질금리와 물가상승률의 합으로 표시된다. 실질금리는 사전적으로 추정하기 어렵기 때문에 실질 GDP 성장률을 그 대용 변수로 사용한다. 실질 GDP 성장률과 물가상승률의 합이 명목 GDP 성장률이다. 그래서 장기적으로 시장금리의 적정 수준은 명목 GDP 성장률이라 할 수 있다. 실제로 1970~2020년 미국의 시장금리를 대표하는 10년 만기 국채 수익률과 명목 GDP 성장률이 연평균 6.2%로 같았다. 그러나 2008년 금융위기 이후에는 국채 수익률이 연평균 2.5%로 명목 경제성장률(3.0%)보다 낮은 수준을 유지했다. 한국의 경우도 2008~20년 국채 수익률이 연평균 2.7%로 명목 성장률(4.5%)보다 훨씬 낮았다.

달러 가치 하락이 초래한
물가와 금리 상승

♦

그러나 2021년 이후는 시장금리가 제자리를 찾아가는 과정에서 점차 상승할 가능성이 높다. 우선 경제성장률이 올라갈 전망이다. IMF는 2021년 미국의 경제성장률을 5.1%(2021년 1월 전망 기준)로 내다보고 있다. 2021년 2월 기준 미국의 10년 국채 수익률이 1.2% 정도에서 움직이고 있는데, 시장금리가 실질경제성장률보다 낮은 것은 지극히 비정상적 현상이다.

여기에다가 금리를 결정하는 또 다른 중요한 요인인 물가가 오를 가능성도 높다. 2000~20년 미국 소비자물가상승률은 연평균 2.1%로 매우 안정적이었다. (그 이전 30년은 연평균 5.2%였다.) 앞서 살펴본 것처럼 물가가 안정된 것은 수요 측면에서 미국의 실제 GDP가 잠재 수준을 상당 기간 밑돌아서다. 공급 측면에서는 중국이 2001년 세계무역기구에 가입하면서 저임금을 바탕으로 상품을 싸게 생산해서 미국에 공급했기 때문이었다.

그러나 2021년부터 미국의 물가상승률이 점차 높아질 가능성이 있다. 우선 적극적 재정 및 통화정책으로 실제 GDP와 잠재 GDP의 격차가 축소될 것이다. 중국의 임금도 지속적으로 상승하고 있기 때문에 중국은 더 이상 과거처럼 미국에 상품을 저렴하게 공급할 수 없다. 또한 중국 경제가 소비 중심으로 성장하면서 자국에서 생산한 상품을 국내에서 소비할 가능성도 높다.

여기에다가 달러 가치 하락이 물가 상승으로 이어질 전망이다. 2020년 미 달러 가치가 주요 선진국 통화에 비해 6.7% 하락했다. 달러 가치 하락 추세는 장기적으로 더 이어질 것으로 내다보인다. 근본적으로 미국 경제가 세계에서 차지하는 비중이 지속적으로 줄고 있다. 2001년 세계 GDP에서 차지하는 미국 비중은 31%였으나, 2019년에는 25%로 줄었고 2025년 무렵에는 22% 정도로 더 낮아질 전망이다. 미국 비중 축소는 달러 가치 하락을 의미한다. 또한 미국의 대외 부채가 급격하게 확대되고 있다. 미국의 대외 부채에서 대외 자산을 뺀 순대외 부채는 2020년 3분기에 14조 달러라는 사상 최고치를 기록했을 뿐만 아니라, GDP 대비 66%로 2008년 27%에 비해 껑충 뛰었다.

달러 가치가 하락하면 유가도 오른다. 2000~20년 통계로 분석해보면 달러지수가 물가상승률에 2개월 정도 선행(상관계수 -0.49)하는 것으로 나타났다. 유가가 오르면 물가도 오른다. 역시 같은 기간 유가와 물가상승률의 상관계수가 0.70으로 매우 높았다.

실물과 금융의 괴리 축소,
자산 배분 조정 필요

◆

2020년 미국의 경제성장률과 물가상승률이 높아지면서 비정상적으로 낮은 수준에 머물고 있는 금리가 점진적으로 오늘 가능성이 높고 금리가 상승하면 거품 영역에 있는 주가가 하락할 가능성이 높다.

　금리와 주가는 당시의 경제 상황에 따라 같은 방향으로 혹은 다른

미국 소비자물가상승률과 금리 추이

자료: 미 노동부, Bloomberg

방향으로 움직인다. 그러나 주가 결정식(=배당금/(1+금리-기업이익증가율))에서 볼 수 있는 것처럼 금리가 오르면 주가는 하락한다. 2000년 이후 통계를 분석해보면 미국의 주가(S&P500)와 국채(10년) 수익률 사이에는 상관계수가 -0.62로 나타났다. 금리가 상승하면 주가가 떨어질 가능성이 높다는 이야기다.

자산 가격은 때로는 경제 기초 여건을 과대평가하거나 과소평가한다. 1장에서 살펴본 것처럼 버핏지수를 포함한 여러 가지 전통 척도에 따르면 미국 주가는 과대평가된 상태다. 자산 가격에는 연착륙이 없는 만큼 주가가 급격하게 하락할 가능성도 배제할 수 없는 이유다. 미국발 금리 상승과 주가 하락 현상이 다른 나라까지 확산될 수 있다.

바이든 정부의
경제정책과 주가 전망

♦

진통 끝에 미국에 바이든 정부가 들어섰다. 선거 공약으로 내세운 정책을 현실화한다면 미국 주식시장은 다른 시장에 비해 상대적으로 부진을 면치 못할 가능성이 높아 보인다.

우선 재정정책 측면이다. 민주당은 전통적으로 '큰 정부'를 추구하고 있다. 바이든 정부도 재정정책을 적극적으로 펼칠 것이다. 소득 불균형 해소와 더불어 환경과 기후변화와 관련한 재정 지출을 대폭 늘릴 계획을 선거 공약으로 내놓았다. 지출을 늘릴 재원을 마련하기 위해서는 세금을 인상하거나 국채 발행을 확대해야 한다. 그래서 법인세율을 21%에서 28%로 인상하기로 했다. 법인세가 인상되는 만

바이든 정부의 경제정책 방향: 중산층 회복을 통한 안정 성장

구분	정책
통화 및 재정정책	• 저금리 선호 • 재정 확대 정책 • 법인세율 21%에서 28%로 인상 • 개인소득세 최고세율 37%에서 39.6%로 인상
중산층 복원과 최저임금 인상	• 최저임금 시간당 7.25달러에서 15달러로 인상 • 양질의 일자리를 통해 중산층 복원
환경 및 인프라 정책	• 기후변화 대응 중심의 인프라 투자(4년간 2조 달러) • 100% 클린 에너지 지향 • 2050년 탄소배출 제로화(전력 부문은 2035년) • 정부 차량 구입을 전량 전기차로 교체
공급망 확충과 제조업 부흥	• 'Buy American' 통해 제조업 부흥 • 제조업 공급망 확충에 4년간 7천억 달러 투입
기업과 금융	• 테크기업 독점적 시장구조 개편 • 은행 자본 여건 강화 등 월가 규제
통상 정책	• 자유무역주의적 통상정책 기조 유지 • 동맹국과의 연대 강화 • 미국 주도 WTO 체제 개혁 추진 • 대중 통상정책: 동맹국과 연대강화를 통한 공동 압박 전략

큼 기업 이익은 상대적으로 줄어들게 된다. (물론 경기가 회복되면 기업 이익의 절대 수준은 높아질 수 있다.) 또한 국채 발행을 늘리면 구축효과 crowding-out effect로 시장금리가 오를 가능성이 높다. 다른 조건이 일정하다면, 기업 수익 감소나 금리 상승은 주가 하락 요인이다.

둘째, 기업 지배 구조 개편과 테크기업의 규제 강화 문제다. 바이든의 대선 공약 중 하나가 '이해관계자 자본주의' 도입이다. 이는 주주를 고객, 직원, 부품 공급자, 지역 커뮤니티와 함께 5대 이해관계자 그룹으로 설정하고 기업이 사회 공동체에 기여해야 한다는 내용을 담고 있다. 상업은행과 투자은행의 업무를 엄격하게 분리하는 글래스-스티걸법Glass-Steagall Act의 재도입과 더불어, 초대형 은행의 해체를 통해 위험도 높은 투자 리스크가 금융 구제 형식으로 납세자에게 전가되지 못하도록 규제를 강화하겠다는 것도 공약이다. 또한 거대 테크기업의 해체 등 독점적 시장 개편 방안도 공약에 포함되어 있다. 이러한 정책이 중장기적으로 금융시장의 안정에 기여하겠지만, 단기적으로 기업 비용을 증가하게 하거나 금융시장의 불안 요인으로 작용할 수 있다. 2020년 소수의 테크기업 주가가 지수 상승을 견인했던 것을 고려하면, 바이든 정부 시대에는 이를 기대하기 어렵다.

셋째, 달러 가치의 하락 가능성이다. 미국 경제의 대내외 불균형이 심화하고 있다. 2007년 GDP 대비 62.9%였던 미 연방정부의 총부채가 2012년부터는 100%를 넘어섰고, 2020년 3분기에는 127.3%에 이르렀다. 지속적 경상수지 적자로 미국의 GDP 대비 대외 순부채 비율이 2007년 8.8%에서 2020년 3분기에는 65.9%로 급증했다. 이러한 대내외 불균형은 금리 상승과 달러 가치 하락을 통해 해소될 수 있다. 그러나 미 연방준비제도 이사회가 평균물가목표제를 도입하기로 한 만큼 당분간 금리 인상 가능성은 낮다. 결국 달러 가치 하락을 통해 대외 불균형이 해소될 수밖에 없다. 달러 가치가 떨어질 것으로 기대되면 외국 자금이 미국 주식시장으로 덜 들어가고 미국 내 투자자금도 국외로 유출될 수 있다.

마지막으로 미국 가계가 주식을 더 살 가능성이 낮다. 가계 금융 자산 가운데 주식 비중이 2020년 9월 49.5%로 매우 높다. 과거 통계를 보면 주식 비중이 이처럼 높은 수준까지 올라간 다음에는 주가가 상당 기간 조정 양상을 보였다.

3장

부채, 자산 가격, 경제 성장의 트릴레마

앞서 우리는 미국의 인플레이션과 금리 상승으로 자산 가격 거품이 붕괴되고 각 경제 주체의 과다한 부채로 위기가 발생할 수 있다는 사실을 확인했다. 그렇다면 이러한 위기는 사전에 대응할 수 있을까?

경제 성장 과정에 부채 증가는 필연적

◆

경제가 성장하는 과정에서 부채 증가는 필연적이다. 차입한 돈이 부채를 상환할 정도의 충분한 소득을 창출할 수 있도록 생산적으로 사용된다면 부채는 좋은 것일 수 있다. 한정된 자원의 효율적 배분을 통해 자금이 생산성이 낮은 곳보다는 생산성이 높은 곳으로 이동시켜 창조적 파괴(저생산성 산업 및 기업 퇴출과 고생산성 산업 및 기업 생성)를 가능케 하는 것이 부채일 수 있기 때문이다. 그러나 부채의 또 다른 특징은 약정 기간에 따라 이자를 내고 원금을 상환해야 하는 것이다.

일반적으로 부채가 증가하기 시작한 초기 단계에는 부채가 생산적 자원에 투자되면서 GDP가 부채보다 더 빠르게 성장한다. 하지만 성장 후반기에는 부채 증가 속도가 소득 창출 속도보다 더 빠르다. 또한 자산 가격까지 상승하면서 차입을 통한 자산 매입 현상이 나타난다. 그다음 단계는 높은 부채 부담과 자산 가격 하락으로 부채 상환이 어려워지면서 위기가 발생하는 것이 일반적이다.

미국의 경우 기업과 가계 부채는 상대적으로 안정적이다. 하지만 (비금융) 기업 부채가 GDP에서 차지하는 비중은 2007년 69.9%에서 2020년 2분기에는 83.5%까지 올랐다. 금리가 올라가거나 자산 가격 거품이 붕괴되면 경쟁력 없는 기업 상당수가 시장에서 퇴출당할 수 있다.

가계 부채가 가처분 소득에서 차지하는 비중은 2007년 말 136.0%에서 2020년 3분기에 94.6%로 오히려 하락했다. 같은 기간 가처분 소득 대비 원리금 상환 비율도 13.2%에서 9.1%로 떨어졌다. 1980년 이후 평균인 11.2%보다 훨씬 낮을 뿐만 아니라, 사상 최저치를 기록했던 2020년 2분기의 8.8%에 비해 소폭 반등했을 정도다. 물론 금리가 상승하면 이들 비율이 올라가겠지만, 미국 가계는 상대적으로 안정적이다.

문제는 정부 부채에 있다. IMF에 따르면 GDP 대비 정부 부채는 다음 그래프에서처럼 선진국과 신흥국에 관계없이 제2차 세계대전 이후 최고치를 기록하고 있다. 특히 1970년대 20%대 초반까지 떨어졌던 선진국 부채 비율은 2008년 글로벌 금융위기와 2020년 코로

GDP 대비 정부 부채 추이

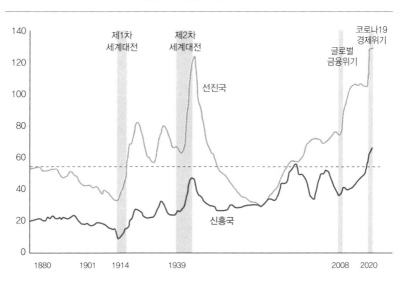

자료: IMF

나19 경제위기를 극복하는 과정에서 급증하면서 120%를 넘어섰다. 신흥국 부채 비율 역시 60%를 넘어서며 사상 최고치를 경신해가고 있다.

금리가 경제성장률보다 낮으면
유지 가능한 정부 부채

♦

정부 부채가 아무리 높다 하더라도 금리가 낮으면 정부는 지탱할 수 있다. 여기에 정부가 국채 발행으로 지급하는 이자율이 명목 경제성장률보다 낮으면 정부는 국채 발행을 통해 계속 경기를 부양할 수 있다. 국채 발행에 따른 이자 부담이 경제 성장에 따른 세수 증가로 상쇄될 수 있기 때문이다.

다음 그래프는 주요 선진국의 GDP 대비 이자 부담 비율을 보여주고 있다. 앞서 본 것처럼 정부의 부채 수준 자체뿐만 아니라 GDP 대비 부채 비율이 사상 최고치를 기록할 만큼 높아지고 있다. 그러나 GDP 대비 이자 부담 비율이 낮아지는 것은 명목 경제성장률보다 낮은 금리에 있다. 대표적 사례가 일본이다. 2019년 일본의 GDP 대비 정부 부채는 238%였다. 그러나 그해 일본의 명목 경제성장률은

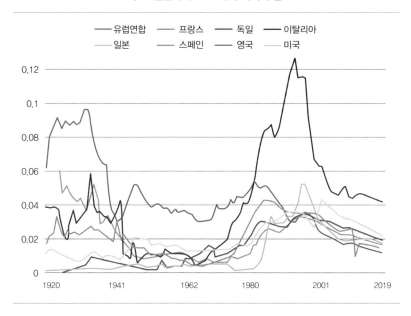

주요 선진국의 GDP 대비 이자 부담

자료: IMF

0.9%로 금리(10년 국채 수익률 기준, -0.1%)보다 높았다. 이러한 저금리로 이자 부담은 GDP 대비 1.2%에 지나지 않았다. 이탈리아를 제외한 다른 선진국 이자 부담 비율도 최근에는 2% 안팎에서 안정되고 있다. 이러한 측면에서 보면 선진국들은 인위적으로 저금리를 유지할 수밖에 없을 것이다.

문제는 인플레이션으로 금리가 오를 경우다. 특히 금리가 명목 GDP 성장률 이상으로 상승할 경우, 정부 부채가 높은 나라는 재정

위기를 겪을 수 있다. 이러한 상황에서는 재정정책을 펼칠 여지가 거의 없는 것이다. 물론 극단적 경우이기는 하지만 중앙은행이 정부가 발행하는 국채를 매입해서 소각monetization할 수는 있다. 다른 한편에서는 높은 부채를 이유로 국제신용평가기관이 그 나라의 국가신용등급을 낮출 가능성도 높다.

정부 부채를
줄이는 방법

♦

정부 부채/GDP 비율을 낮추는 방법은 4가지가 있다.[1] 첫 번째는 분자에 해당하는 정부 부채 수준을 직접 줄이는 것이다. 정부가 긴축정책으로 지출을 감소하거나 세율을 인상해 세금을 더 걷는 방법이다. 1920년대 선진국과 2010년 영국과 유럽연합이 이러한 방법을 통해 정부 부채 비율을 낮췄다. 하지만 이 경우 상당한 비용을 치러야 한다. 특히 경제가 어려울 때는 경제성장률 저하와 더불어 실업 증가를

---

1 Dimitri Zenghelis, Annabel Manley, Julia Wdowin, "Public debt, public wealth and economic dynamics", October 2020, Bennett Institute for Public Policy, University of Cambridge.

수반하기 때문이다. 미국의 바이든 정부도 부분적으로 이 방향의 정책을 펼칠 것으로 전망된다. 현재 21%인 법인세율을 28%로 인상하고, 개인소득세 최고세율을 37%에서 39.6%로 올리겠다는 계획을 세우고 있다.

분자(정부 부채)를 낮추는 두 번째 방법은 부채 재조정이나 부채 경감(탕감)을 통하는 것이다. 이는 선진국에서는 거의 찾아보기 힘들고 간혹 신흥국에서 사용된다. 1980년대 남미 재정위기가 대표적 사례라 할 수 있다. 이 경우 문제는 당국의 국가신용등급이 하락하고, 그 이후 정부 차입비용이 크게 올라간다는 데 있다. 극단적인 경우 정부가 국채를 발행할 수 없어서 경제위기가 더 깊어질 수 있다.

GDP 대비 정부 부채 비율을 낮추는 세 번째 방법은 분모에 해당하는 명목 GDP를 늘리는 것이다. 우선 정부가 생산성이 높은 곳에 재정을 지출해 경제성장률을 올리는 방안이다. 19세기 나폴레옹 전쟁 이후 영국과 1950~60년대 선진국, 1980년대 중반~2008년 세계 주요국이 이러한 방법으로 정부 부채 비율을 낮추려 했다. 최근 각국 정부가 논의하는 그린 인프라, 연구개발, 직업훈련을 포함한 교육 등의 투자로 미래의 경제성장률을 올리려는 것도 여기에 해당한다. 이 경우 경제가 성장하면서 고용도 늘고 세수도 증가할 수 있기 때문에 가장 바람직한 정책 대안일 수 있다.

마지막으로 인플레이션을 유발해 분모를 낮추는 방법이다. 명목 GDP는 실질 GDP와 물가로 구성되어 있다. 실질 GDP가 성장하지 않더라도 물가가 오르면 명목 GDP가 증가하면서 정부 부채/GDP 비율이 낮아진다. 그러나 이 경우 인플레이션 후유증이 나타날 수 있다. 우선 인플레이션이 심할 경우 중앙은행에 대한 신뢰가 떨어진다. 극단적인 경우 하이퍼-인플레이션이 나타날 수도 있다. 또한 인플레이션이 올 경우 부가 채권자에게서 채무자로 이동한다. 인플레이션이 진행되는 초중반기에 주식이나 실물자산을 갖고 있는 부유층의 부는 더 늘어나면서 소득 불균형도 확대될 수 있다.

정부 부채/GDP 비율을 낮추는 가장 바람직한 방향은 경제 성장을 통해 분모에 해당하는 명목 GDP를 늘리는 것이다. 그러기 위해서는 정부 지출이 미래의 산업 변화를 고려해 생산성이 높은 곳에 투자해야 한다.

'한국판 뉴딜'도 여기에 해당된다. 한국 정부는 '디지털 뉴딜'과 '그린 뉴딜'을 통해 탄소 의존 경제에서 저탄소 경제로, 추격형 경제에서 선도형 경제로의 도약을 모색하고 있다. 구체적으로는 2022년까지 총사업비 67.7조 원(국비 49조 원), 2025년까지 160조 원(국비 114조 원)을 투자해서 미래의 경제성장률을 올리고 약 190만 개의 일자리를

GDP 대비 정부 부채 비율을 낮추는 방안

분자를 낮춰라	**긴축** 정부 지출 감소/세금 인상 • 경제나 사회에 높은 비용 • 때로는 비효과적 (예) 1920년대, 2010년 영국과 　　유럽연합	**파산** 부채 재조정 혹은 부채 경감 • 경제 평판에 대한 비용 • 미래 차입 비용 증가 (예) 선진국에서는 드문 현상, 　　신흥시장에서 발생
분모를 높여라	**경제 성장** GDP의 지속적 성장 • 효과적 • 재정수입증대로 긍정적 영향 • 경제와 사회에 긍정적 (예) 19세기 나폴레옹 전쟁 이후 　　영국, 1950~60년대 OECD, 　　1980년대 중반~2008년	**인플레이션** • 효율적 그러나 많은 경제적 비용 • 통화의 신용 회복 어려워 • 사회에 불평등 확대 • 미래의 차입 비용 증가 (예) 1960년대 후반~1980년대 　　중반 OECD

주: Dimitri Zenghelis et al, "Public debt, public wealth and economic dynamics",
Bennett Institute for Public Policy, Uni. of Cambridge, 2020.10.

창출하겠다는 계획을 세웠다. 이러한 정책이 성공적으로 이행된다면
경제성장률 제고와 고용 증대로 세수가 증가하면서 정부의 재정 상
태가 건전해질 수 있다.

지속되는 중앙은행의
저금리 정책

♦

앞서 살펴본 것처럼 경기 부양을 위해서는 정부가 지출을 늘릴 수밖에 없고, 정부가 지탱하기 위해서는 중앙은행의 저금리를 유지해야한다. 가계와 기업이 부실해지고 있기 때문에 통화정책 효과는 갈수록 줄어들고 재정정책에 기대할 수밖에 없는 상황이다. 따라서 중앙

미국 주식시가총액/GDP 대비 사상 최고치 경신

자료: Federal Reserve Economic Data

은행의 재정 보완 역할은 더 강조될 것이다.

우선 중앙은행은 인플레이션이 목표치(소비자물가상승률 기준 2%)를 훨씬 초과하지 않는 한 기준금리 인상을 자제할 것이다. 특히 미국의 연방준비제도는 평균물가목표제를 도입하기로 했기 때문에 연방기금금리 인상을 최대한 미룰 것으로 예상된다. 미 연방준비제도는 2008년 금융위기를 극복하기 위해서 기준금리를 0~0.25%로 인하했다. 그 후 경기가 회복하면서 2013년 12월 시장금리(국채 10년 수익률)가 2.9%까지 상승했지만 2015년 11월까지 연방기금금리를 올리지 않았다.

문제는 2장에서 살펴본 것처럼 인플레이션이 기대를 넘어 현실화되고 시장금리가 상승할 때다. 이때도 연방준비제도는 우선 수익률 곡선 통제yield-curve control를 통해 장기 금리 상승을 억제할 가능성이 높다. 양적완화를 통해 시장에서 장기 국채를 더 매입하는 방법이 그중 하나다. 재닛 옐런Janet Yellen 재무장관은 50년 만기 국채 발행을 고려하고 있다고 했다. 재정 부담을 장기로 나누겠다는 이야기다. 그러나 소비자물가상승률이 지속적으로 2%를 넘어선다면 연방준비제도는 금리를 인상할 수밖에 없다. 연방준비제도의 가장 중요한 목표 가운데 하나가 물가 안정이기 때문이다.

통화정책의
한계

◆

중앙은행은 기준금리 변경을 통해 궁극적으로 총수요(경제성장률)와 물가에 영향을 주려고 통화정책을 운용한다. 금리가 다양한 파급 경로를 통해 실물경제에 영향을 미치는데, 그 경로는 5가지 정도로 요약해볼 수 있다.[2]

첫째, 금리 경로다. 중앙은행의 기준금리 변경은 단기 및 장기 시장 금리뿐만 아니라 은행 예금 및 대출 금리에도 영향을 준다. 예를 들어 중앙은행이 금리를 인하하면 소비와 투자 등 총수요가 증가하면서 경제성장률이 올라가고(고용이 증가하고) 물가도 상승한다.

둘째, 자산 가격 경로다. 기준금리 변경은 주식, 채권, 부동산 등 각종 자산 가격에도 영향을 준다. 즉 금리가 낮아지면 주가는 오른다. 금리가 떨어진 만큼 현재 가치의 주식을 통해서 얻을 수 있는 미래 수익이 높아진다. 부동산 가격도 마찬가지다.

또한 금리가 하락하면 채권 가격은 상승하게 된다. 따라서 중앙은행의 금리 인하는 자산 가격 상승으로 가계의 부를 증가시켜 결국 소

---

2   한국은행, "통화정책 효과의 파급" 참조.

비 증가 요인으로 작용한다.

셋째, 신용 경로다. 중앙은행의 기준금리 변경은 은행의 대출 태도에 영향을 미친다. 다른 조건이 일정하다면 금리 하락은 부채를 가지고 있는 가계나 기업의 상환 능력을 제고시키기 때문에 은행은 대출을 더 늘리려 한다.

넷째, 환율 경로다. 다른 나라 금리가 일정할 때 어떤 나라가 금리를 인하하면 통화 가치는 하락한다. 일반적으로 돈은 금리가 높은 곳으로 이동하기 마련이다. 그래서 금리를 인하한 국가에서 다른 나라로 자금이 유출되기 쉽다. 즉 통화 가치 하락은 그 나라 수출 상품의 가격을 하락시켜 수출 증대 요인으로 작용한다.

다섯째, 기대 경로다. 기준금리 변경은 경제 주체의 기대 인플레이션 변화를 통해서도 물가에 영향을 미친다. 중앙은행의 기준금리 인하는 물가상승률을 높이기 위한 조치로 받아들여 기대 인플레이션을 상승시킨다. 기대 인플레이션의 상승은 기업의 상품 가격 인상이나 근로자의 임금 상승을 초래해 실제 물가상승률을 올리게 된다.

이러한 5가지 경로를 통해 기준금리는 총수요와 물가에 영향을 미친다. 통화정책의 가장 중요한 경로는 금리 경로와 자산 가격 경로다. 현재 가계와 기업의 부채가 많아 기준금리 인하가 소비나 투자에 미치는 영향은 크지 않을 것이다. 또한 주요 자산 가격이 거품 영역에 접어들고 있기 때문에 낮은 금리가 자산 가격을 상승시킬 가능성도 낮다.

MMT 적용
가능성

♦

통화정책으로 거둘 수 있는 효과는 제한적이기 때문에 결국 각 정책 당국은 재정정책에 의존할 수밖에 없다. 이러한 의미에서 앞으로 정부가 MMT(Modern Monetary Theory, 현대화폐이론)를 적용할 가능성이 높다.

　MMT는 바이든의 대선 태스크포스에 참여했던 스테퍼니 켈턴 뉴욕주립대학 교수가 주창했고, 캔자스시티의 미주리대학 교수 L. 랜덜 레이L. Randall Wray의 『균형재정론은 틀렸다』[3]를 통해 정교화한 개념이다. 경제학 교과서에서는 화폐가 물물교환의 불편을 해소하기 위해 거래 당사자들이 고안했다고 가르친다. 그러나 MMT 지지자들은 화

3　L. 랜덜 레이, 『균형재정론은 틀렸다』, 책담, 2015.

폐를 '공권력이 생산물과 서비스를 유통시키기 위해 만들어낸 증서 Charta'로 정의하고 있다. 국가가 법정화폐로 세금을 걷는 이상 납세자들은 그 화폐를 쓰지 않을 수 없다는 이야기다.

MMT 지지자들은 정부 지출은 조세보다 선행하는 독립적 행위이므로 단기적 균형재정의 압박에 얽매일 필요가 없다고 주장한다. MMT 이론을 정교화한 랜덜 레이 교수는 구체적으로 '일자리 보장제 Job Guarantee'를 제안하고 있다. 공공 부문에서 최저임금을 보장하는 일자리를 창출하자는 것이다. 경기 침체 등으로 민간 부문에서 일자리가 줄어들면 공공 부문에서 고용을 늘려야 한다. 중앙은행이 시중 은행의 마지막 대부자인 것처럼 정부는 일자리의 최종 공급자 역할을 해야 한다는 것이다.

여기에 더해 레이 달리오도 MMT가 통화정책의 한계를 보완할 수 있다고 주장한다. 통화정책의 주요 수단은 금리와 통화량이다. 그러나 이는 경제 주체의 소득 불균형을 오히려 더 심화시킬 수 있다. 금리 인하와 양적완화로 주식과 부동산 등 자산 가격이 상승하면 이를 보유할 수 있는 능력을 가진 부자들의 부만 더 늘어난다는 것이다. 실제로 '블룸버그 억만장자 지수Bloomberg Billionaires Index'에 따르면 2020년 말 세계 500대 부자들의 자산액은 2019년 말보다 31%(1.8조 달러) 증가한 7.6조 달러로 집계되었다. 2020년 세계 경제가 마이너스 성장하면서 1930년대 대공황 이후 최악의 경기 침체를 겪었고, 대부분 사람의 소득이 감소했는데도 말이다.

또한 저금리는 가계 소득을 기업 소득으로 이전시켜 가계를 상대적으로 가난하게 만드는 효과도 있다. 가계는 은행에 저축한 돈이 대출한 돈보다 많기 때문에 금리가 낮아질수록 이자 소득이 줄어든다. 달리오는 금리 인하나 양적완화보다는 정부가 돈을 찍어내 필요한 곳에 쓰면 소득 불균형을 해소할 뿐만 아니라 국민 경제의 생산성을 제고할 수 있다고 주장한다.

MMT를 반대하는 측의 주장은 크게 4가지다. 첫째, 'MMT는 공짜 점심'이라는 것이다. 둘째, MMT는 정부가 화폐를 발행할 수 있기 때문에 재정 적자가 늘어나도 파산하지 않는다고 가정하지만, MMT 반대론자들은 일부 남미 국가나 그리스 사례처럼 정부 부채가 크게 늘어나면 결국 재정위기를 겪게 된다고 주장한다. 셋째, 통화 공급이 늘어나면 시차를 두고 물가가 상승한다는 것이다. 넷째, 구축효과다. 정부가 재정 적자를 보전하기 위해 국채를 발행하면 시장금리가 상승하고 이는 가계 소비와 기업 투자를 위축시킨다는 것이다.

그러나 MMT 지지자들은 부정적 효과보다는 긍정적 측면을 더 강조하고 있다. 특히 물가에 대한 의견이 다르다. 1990년대 이후 일본이 통화 공급을 크게 늘렸는데도 물가가 오르지 않았고, 2008년 글로벌 금융위기 이후 미국이나 유럽 중앙은행이 양적완화를 통해 대규모로 돈을 찍어냈어도 인플레이션이 발생하지 않았다는 것이다.

미국의 민주당은 전통적으로 '큰 정부'를 추구하고 있고 바이든 정부의 핵심 정책 목표는 '중산층 회복을 통한 안정적 성장'이다. 더 구체적으로는 재정정책을 통한 소득 불균형을 해소하고 환경과 기후 관련 대규모 투자를 하는 것이다. 바이든 정부는 이 목적을 달성하기 위해 MMT를 부분적으로 활용할 가능성이 높다.

MMT 고려할 필요 있는
한국 정부

♦

MMT는 이론적으로나 실증적으로 더 검증되어야 한다. 그러나 한국 경제 현황을 고려하면 부분적으로 정책에 도입해도 무리가 없을 것이라는 판단이다. 한국의 경제 주체 중 가계는 자금 잉여 주체다. 여기에다가 자금 부족 주체인 기업마저 잉여 주체로 전환될 조짐을 보이고 있다. 정부가 돈을 쓸 수밖에 없는 경제 상황인 것이다.

2019년 GDP 디플레이터가 0.3% 상승에 그친 것처럼 한국 경제에 부분적으로 디플레이션 압력도 있다. 2008년에 통화승수(=총통화

(M2)/본원통화)가 25배였으나 2020년 12월에는 15배로 떨어졌다. 그만큼 돈이 돌지 않고 있기 때문에 통화 공급과 인플레이션의 관계가 줄어들었다는 의미다.

구축효과도 나타날 가능성이 낮다. 정부가 발행할 국채를 은행이 다 사줄 것이기 때문이다. 은행은 돈이 들어오면 대출이나 유가증권에 투자한다. 가계는 은행에 저축한 돈이 빌린 돈보다 많다. 그런데 최근에는 기업 투자가 크게 위축되면서 기업도 은행에 더 많은 돈을 저축하는 경향을 보이고 있다. 한국은행의 자금순환에 따르면 2020년 9월 말 한국 기업들이 가지고 있는 현금성 자산은 737조 원이었다.

대출이 안 되면 은행은 유가증권 투자를 늘릴 수밖에 없다. 은행은 리스크를 줄이기 위해 주식보다는 주로 채권을 살 것이다. 정부가 재정 적자를 보전하기 위해서 국채를 발행하더라도 은행이 그 채권을 매수할 것이기 때문에 구축효과는 나타나지 않을 것이라는 이야기다. 1998년에 일본 기업이 자금 잉여 주체로 전환한 후, 은행들이 대량으로 채권을 사들이면서 금리는 0%로 떨어졌다. 한국도 그와 같은 방향으로 갈 가능성이 높다.

또한 MMT가 '공짜 점심'이 아니라 교육, 인프라, 연구개발 등 생산적 투자로 사용된다면 침체된 경제에 어느 정도 활력을 줄 수 있을 것으로 기대된다.

높은 부채에도 견디는
일본 정부

♦

2008년과 2020년 경제위기를 겪으면서 GDP 대비 정부 부채가 가장 빠른 속도로 늘어난 나라 가운데 하나가 일본이다. 2007년 일본 정부 부채/GDP 비율은 146%였으나 2009년 169%로 급등했다. 그 이후로도 부채 비율은 지속적으로 늘고 있는데, 2020년 2분기에는 231%로 사상 최고치를 기록했다. 코로나19로 경제가 급격하게 위축되자 정부가 지출을 크게 늘린 탓이다.

부채가 이렇게 높은 수준에 있는데도 일본 정부가 지탱할 수 있는 이유는 앞서 살펴본 것처럼 명목 GDP 성장률이 시장금리를 웃돌고 있어서다. 예를 들면 2009년 1분기에서 2020년 3분기까지 명목 경제 성장률이 분기 평균 0.84%로 10년 국채 수익률(0.43%)보다 2배 정도 높았다.

또한 일본 정부가 재정 적자를 메꾸기 위해 국채를 대규모로 발행했는데도 금리가 오르지 않은 이유는, 일본 은행들의 국채 매수에 있다. 은행은 돈이 들어오면 대출이나 유가증권으로 자금을 운용한다. 가계는 본질적으로 자금 잉여 주체다. 즉 전체로 보면 가계는 은행에 저축한 돈이 대출받은 돈보다 많다. 기업은 자금 부족 주체다. 그런데 1998년부터 기업도 자금 잉여 주체로 전환했다. 가계에 이어 기업까지 저축하다 보니, 은행은 유가증권 투자를 늘릴 수밖에 없었다. 은행은 리스크가 큰 주식보다는 주로 채권을 샀다. 정부가 적자 재정을 보완하기 위해 발행한 국채를 은행이 다 사주었기 때문에 시장금리가 오르지 못했던 것이다. 일본 금융회사들은 2020년 9월 말 자산의 30.9%를 채권(한국 금융회사 자산 중 채권 비중 24.5%)으로 보유하고 있으며, 기업이 자금 잉여 주체로 전환되기 바로 전인 1997년에는 11.6%였다.

마지막으로 일본 정부가 대외 충격에 버틸 수 있었던 것은 발행한 국채 90% 이상을 자국인이 가지고 있기 때문이다. 일본 정부의 부채는 민간의 자산으로 주로 일본 은행이 일본 국채를 보유하고 있다. 은행은 개인이나 기업이 맡긴 돈을 국채에 운용하고 있는 것이다. 국채를 보유하고 있는 개인이 사망할 경우에는 후손에게 물려주게 된다. 국가 전체적으로 보면 부채와 자산이 국내에 있기 때문에 정부 부채가 많아도 문제가 없는 것이다.

그러나 미국에서 인플레이션이 시작하고 일본으로 확산돼 시장금

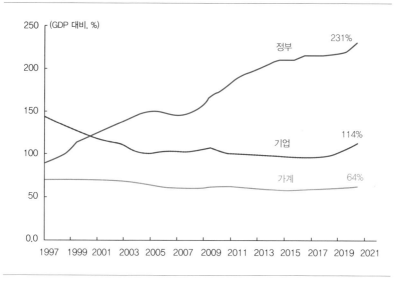

일본 경제 주체별 GDP 대비 부채 비율

250 (GDP 대비, %)

정부 231%

200

150

기업 114%

100

가계 64%

50

0.0

1997 1999 2001 2003 2005 2007 2009 2011 2013 2015 2017 2019 2021

주: 2020년 2분기 기준
자료: 국제결제은행

리가 명목 GDP 성장률 이상으로 오르면, 일본 정부는 심각한 어려움을 겪게 될 것이다. 극단적으로 공무원 월급까지 주지 못할 상황까지 갈 수 있는 것이다. 일본 은행이 저금리 정책을 지속할 가능성이 높은 이유다.

참고로 일본과 한국의 부채 상황을 보면 기업 부채/GDP 비율은 2020년 2분기 기준 일본 114%, 한국 108%로 큰 차이가 없다. 그러나 가계 부채/GDP 비율은 한국이 99%로 일본(64%)보다 높다. 반면 정부 부채/GDP 비율은 일본이 231%로 한국의 45%와는 비교할 수 없을 정도로 높다.

일본 가계가 20여 년 넘게 불황을 견딜 수 있었던 이유는 가계 부채가 상대적으로 낮기 때문이다. 한국의 경우 금리가 오르거나 경제가 장기 침체에 빠지면 가계는 높은 부채로 고통을 겪을 것이다. 결국 일본보다 상대적으로 건전한 한국 정부가 경기 부양을 위해 적극적인 역할을 할 수밖에 없는 상황이다.

중국의
높은 기업 부채

♦

2020년 2분기 중국의 GDP 대비 가계·정부 부채 비율은 각각 57.2%와 58.7%로 상대적으로 낮다. 국제결제은행에 따르면 세계 평균은 각각 63.7%와 99.3%였다. 그러나 중국의 기업 부채(금융업 제외)는 2020년 2분기에 162.5%로 세계 평균(102.7%)이나 신흥시장 평균(108.8%)에 비해 매우 높을뿐더러 증가 속도가 빠르고 규모도 크다.

중국의 GDP 대비 기업 부채 비율은 2008년 글로벌 금융위기 때 93.9%였으나, 2020년에는 160%를 넘어섰다. 규모로 보아도 2020년

2분기 중국의 기업 부채는 22조 6360억 달러로 2008년 4조 3840억 달러보다 5.2배나 증가했다. 또한 중국 기업 부채가 세계에서 차지하는 비중도 같은 기간 9.7%에서 28.9%로 급증했다. 신흥국 기준으로도 중국의 부채 비중은 47.3%에서 70.6%로 급증했다. 신흥국 기업 부채의 2/3 이상이 중국 몫인 셈이다.

이처럼 중국의 기업 부채가 높아진 것은 2008년 글로벌 금융위기 이후 중국 경제가 투자 중심으로 성장한 데 있다. 2007년 GDP

중국 경제 주체별 GDP 대비 부채 비율

주: 2020년은 2분기 기준
자료: 국제결제은행

에서 투자(총자본 형성)가 차지하는 비중은 40.4%였으나 2010년에는 47.0%까지 증가했다. 2009년 금융위기로 미국을 중심으로 세계 경제가 마이너스 성장(-0.1%)을 했으나, 중국 경제는 9.4% 성장했다. GDP를 구성하는 투자가 크게 늘었기 때문이다. 그 이후 투자 비중이 점차 낮아지면서 2019년에는 43.1%까지 떨어졌지만 여전히 다른 나라에 비해서 높은 수준을 유지하고 있다.

중국은 투자 중심의 성장 과정에서 기업 부채가 크게 늘었다. 기업 부실은 은행 등의 금융회사 부실로 이어질 가능성이 크다. 중국 경제의 문제는 어떻게 기업 부채를 연착륙하는가에 있다. 한국은 1997년 외환위기 때 IMF 처방에 따라 비교적 빠른 속도로 기업의 구조조정을 단행했다. 하지만 중국은 스스로 구조조정하고 있기 때문에 그 속도가 느릴 것이다.

다행스럽게도 중국은 소비 중심으로 성장할 가능성이 높은 편이다. 중국 GDP에서 가계 소비 비중이 2008년 35.4%에서 2019년에는 38.8%로 올라왔고 1인당 국민소득은 2019년 1만 달러를 돌파했다. 14억 인구가 소비를 늘리면서 경제가 안정 성장 국면에 접어들면 큰 충격 없이 기업 부채를 조정해갈 수 있다. 또한 중앙정부가 상대적으로 건전하기 때문에 앞으로 중국 정부는 경제 성장에 더 큰 기여를 할 수 있을 것으로 전망된다.

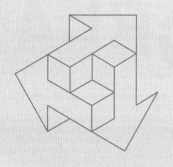

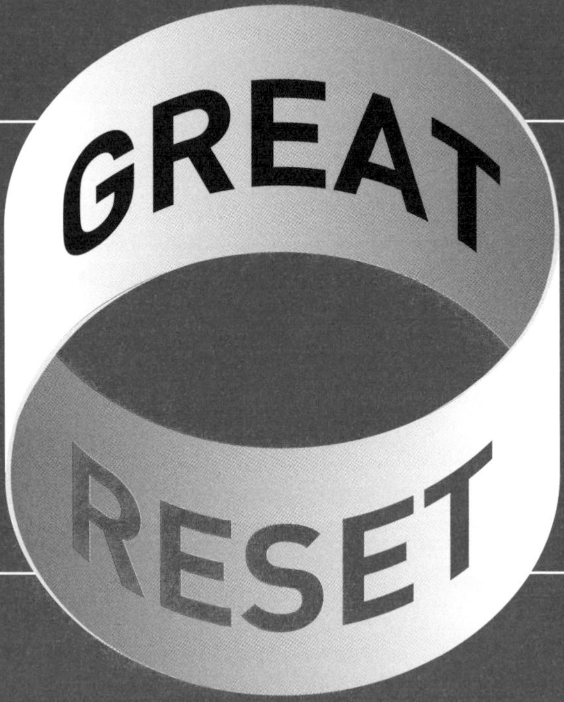
GREAT
RESET

4장

미중 무역 전쟁과
중국 금융시장의 개방

워싱턴에 기반한 퓨리서치센터Pew Research Center는 매년 봄에 미국인

을 대상으로 중국인에 대한 호감도(혹은 비호감도) 조사를 한다. 이에

미국인의 중국 호감도 조사

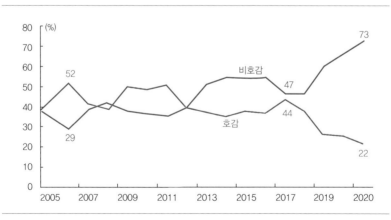

주: 매년 봄에 조사하지만 2020년에는 봄과 가을에 2번 조사했다
자료: 퓨리서치센터

따르면 2006년에는 조사 대상 미국인 52%가 중국을 좋아한다고 대답했다. 그러나 그 이후 호감도가 지속적으로 감소하고 있다. 특히 2020년에는 봄과 가을에 2번 조사했는데, 두 번째 조사에서 호감도는 22%로 급락했고 비호감도는 73%로 급등했다.

2030년 중국 GDP, 미국을 넘어설 전망

♦

미국인의 중국에 대한 혐오 현상이 트럼프 정부 때 고조된 것은 미중 패권 전쟁 영향일 수 있지만, 보다 근본적 원인은 중국의 급부상에 있다.

우선 경제적 측면에서 살펴보자. IMF에 따르면 2001년 중국이 세계무역기구에 가입할 때 중국 GDP가 세계에서 차지하는 비중은 4.0%로 미국 GDP의 12.6%에 지나지 않았다. 그러나 미국이 2008년 금융위기를 겪은 후 중국 비중은 급격하게 증가하기 시작했다. 세계무역기구 가입 10년 후인 2011년에는 중국 GDP가 세계에서 차지하는 비중이 10.2%로 사상 처음으로 10%를 넘어섰고, 미국 GDP의 48.2%로 거의 절반에 이르렀다.

2020년 코로나19로 세계 경제가 미국을 중심으로 침체에 빠졌는데, 중국 경제는 2.3%나 성장(미국 -3.5%)하면서 중국 GDP의 세계 비중과 미국 대비 비중은 각각 18.2%와 73.2%에 이르렀던 것으로 추정된다.

중국이 세계 GDP에서 차지하는 비중이 늘어난 만큼 미국 비중은 하락 추세를 보인다. 2001년 미국 GDP가 세계에서 차지하는 비중이 31.4%였으나 2011년에는 21.2%로 추락했다. 그 이후 미국 경제가 어느 정도 회복되면서 2019년에는 24.5%까지 올라갔으나 이를

세계 GDP에서 차지하는 미국과 중국의 비중

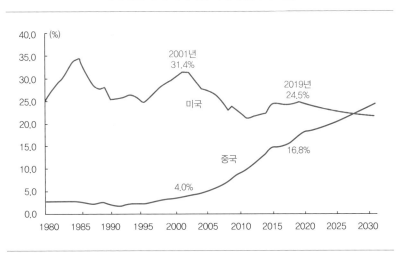

주: 2020년 이후는 추정 및 전망치
자료: IMF

중기 정점으로 다시 하락하고 있다. IMF의 전망에 따르면 2025년에는 미국이 세계에서 차지하는 비중이 22%대로 낮아질 것으로 예측된다.

미국의 명목 경제성장률 3%, 중국 6%를 가정해 추정하면, 빠르면 2029년에는 중국 GDP 규모가 미국을 추월하게 된다. 2030년에 이르렀을 때는 중국 GDP가 세계에서 차지하는 비중이 23%로 미국(22%)을 넘어설 전망이다. 일본 경제가 1995년 세계에서 차지하는 비중이 17.6%(미국 대비 71.3%)를 정점으로 2019년에 5.8%(23.7%)까지 추락한 것과 비교해보면, 그야말로 대전환이 아닐 수 없다.

참고 **한국의 대미 수출 비중 감소와 대중 비중 급증**

세계 GDP에서 미국 비중이 줄어들고 중국 비중이 늘어나는 현상은 한국의 수출에도 그대로 반영되고 있다. 2000년 한국 수출에서 미국이 차지하는 비중은 21.8%였다. 그러나 미국이 금융위기를 겪은 2009년에는 그 비중이 10.4%까지 급락했다. 그 이후 미국의 경제 회복으로 2020년에는 14.5%까지 올라갔다.

반면에 중국 비중은 2000년 10.7%에서 2020년에는 25.8%(2018년 26.8%로 최고치 기록)까지 올라갔다.

한국의 무역수지 흑자도 대부분 중국에서 오고 있다. 2000~20년 한국의 누적 무역수지 흑자(통관 기준)가 7770억 달러였는데, 중국에 대한 무역수지 흑자는 6618억 달러로 85%를 차지했다. 같은 기간 미국에 대한 무역수지 흑자는 2866억 달러로 37%를 차지했다. 참고로 한국은 중국과 미국에서 무역 흑자를 낸 일부 돈으로 중동에서 원유를 사고, 일본에서 소재를 구입하는 데 사용하고 있다.

이외에 한국의 국별(지역별) 수출 특징을 보면 유럽연합 비중이 2000년 13.6%에서 2020년 10.2%로 줄어든 반면 아세안 비중은 같은 기간 11.7%에서 17.4%로 증가했다.

내 경우 우리나라 국별 수출을 보면서 세계 경제 흐름을 판단하는데, 이러한 수출 통계가 보여준 것처럼 세계 성장축이 미국 등 선진국에서 중국 등 아시아 신흥국으로 전환하는 과정이 전개하는 것을 알 수 있다.

한국의 국가(지역)별 수출 동향

	2000	2010	2015	2018	2019	2020
총수출	1722.7	4663.8	5267.6	6054.7	5423.3	5127.9
증가율	19.9	28.3	−8.0	5.5	−10.4	−5.4
중국	184.5	1168.4	1371.2	1622.4	1362.0	1325.6
수출증가율	34.9	34.8	−5.6	14.2	−16.0	−2.7
비중	10.7	25.1	26.0	26.8	25.1	25.8
미국	376.1	498.2	698.3	727.5	733.4	741.6
수출증가율	27.6	32.3	−0.6	6.0	0.9	1.1
비중	21.8	10.7	13.3	12.0	13.5	14.5
유럽연합	234.2	535.1	480.8	576.7	527.6	521.4
수출증가율	15.7	14.8	−7.8	6.7	−8.4	−1.2
비중	13.6	11.5	9.1	9.5	9.7	10.2
ASEAN	201.3	532.0	748.2	1002.8	950.9	890.5
수출증가율	13.7	29.8	−11.5	5.3	−5.0	−6.3
비중	11.7	11.4	14.2	16.6	17.5	17.4
일본	204.7	281.8	255.8	306.3	284.2	250.9
수출증가율	29.0	29.4	−20.5	14.2	−6.9	−11.7
비중	11.9	6.0	4.9	5.1	5.2	4.9
중동	75.9	283.7	304.1	216.4	176.6	146.4
수출증가율	18.6	18.0	−12.6	−11.3	−18.5	−16.9
비중	4.4	6.1	5.8	3.6	3.3	2.9
중남미	93.7	361.3	306.8	278.0	263.3	195.2
수출증가율	8.4	35.2	−14.5	−1.1	−5.2	−25.9
비중	5.4	7.7	5.8	4.6	4.9	3.8

자료: 산업통상자원부

그레이트 리셋

2000년대 미중 관계는
상호 보완적

◆

2001년 중국이 세계무역기구에 가입한 이후 미국과 중국 경제는 상
호 보완 관계를 유지했다. 1990년대 중반 이후 정보통신혁명으로 경
제 각 분야에서 생산성이 향상하면서 미국 경제는 고성장과 저물가
를 동시에 달성했다. 이를 '신경제' 혹은 '골디락스 경제'라 부르면서
미국 소비자들은 지출을 크게 늘렸다.

이때 중국은 저임금을 바탕으로 상품을 싸게 만들어 미국 소비자
들의 욕구를 충족해주었다. 2001~20년 중국의 대미 무역 흑자는 5조
4549억 달러였다. 월마트에 진열된 상품의 절반 이상이 중국산일 정
도로 중국의 생산자가 미국 소비자의 욕구를 충족해준 것이다. 중국
은 2001~20년 연평균 8.7%나 성장했는데, 이 성장에는 대미 수출이
크게 기여했다.

중국은 수출로 미국에서 벌어들인 돈 일부를 활용해 미국 국채를
사주었다. 2008년 미국이 금융위기 극복 방안으로 재정 지출을 크
게 늘렸고, 그 재원을 마련하기 위해 국채를 발행할 수밖에 없었다.
특히 2011년 말에는 중국이 보유하고 있는 미국 국채 규모가 1조
1601억 달러로 외국인 보유 비율 중 26.1%나 차지했다. 그 이후 규

중국의 미국 국채 매수 추이

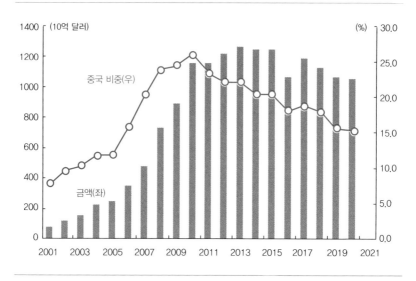

주: 비중은 총 외국인 보유액에서 중국이 차지하는 비율
자료: 미 재무부

모로는 2013년 말 1조 2700달러로 사상 최고치를 기록했다. (그러나 2020년 말에는 1조 615달러로 축소되었고 외국인 보유 중 중국 비중도 15.1%로 낮아졌다.)

중국의 이러한 미국 국채 매수는 미국의 시장금리를 낮은 수준으로 유지하는 데 크게 기여했다. 미국 소비자 입장에서는 중국이 생활에 필요한 각종 제품을 싸게 공급하고, 국채 매입으로 금리가 낮아졌으며 집값이 오르니 환영할 수밖에 없었다. 물론 중국 생산자들은 수

그레이트 리셋

출로 돈을 벌어들이며 미국의 신경제를 같이 즐길 수 있었다.

미중 불균형 해소 과정 속
중국의 내수 중심 성장

◆

그러나 이 과정에서 미국 경제의 불균형이 확대되었다. 가계 부채가 가처분 소득에서 차지는 비중이 1995년 90%였지만 가계의 과소비로 2007년 135%까지 상승했다. 수입 증가로 2006년에 경상수지 적자가 GDP의 6%에 이르면서 사상 최고치를 기록했다. 이러한 불균형은 2007년 들어 주택 가격에 발생했던 거품이 꺼지면서 해소되기 시작했고, 2008년에는 금융위기라는 참사를 불러왔다.

또한 미국의 대외 불균형도 크게 확대됐다. 2006년 3분기 한때는 GDP 대비 경상수지 적자가 6.3%에 이르렀고, 그 뒤로도 3% 안팎을 유지하고 있다. 미국은 이 적자를 금융계정으로 메꾸었다. 외국인이 미국 기업의 주식 및 채권을 사주었던 것이다. 그 결과는 대외 부채 확대로 나타났다. 2001년 9조 4651억 달러였던 대외 부채가 2020년 3분기에는 43조 3585억 달러로 4.6배나 증가했다. 순부채도 같은 기간 2조 2945억 달러(GDP 대비 22%)에서 13조 9502억 달러(66%)로 급증했다. 불균형을 해소하기 위해서는 달러 가치가 더 떨어질 수밖에 없다. 앞으로 국제신용평가기관들이 경쟁적으로 미국의 국가신용등급을 낮출 수도 있다. 머지않아 미국 경제를 뒷받침해온 신용에 의한 성장 모델이 한계에 도달할 가능성도 높다.

미국의 금융위기가 전 세계로 확산하면서 2009년 세계 경제는 마이너스 성장을 했다. 그러나 중국 경제는 투자 중심으로 9%가 넘는 성장을 했다. 중국 투자가 GDP에서 차지하는 비중이 2008년 40%에서 2009년에는 45%로 크게 늘었고, 그 이후에도 높은 수준을 유지하고 있다.

문제는 투자 중심으로 성장하는 과정에서 중국의 부채, 특히 기업 부채가 크게 늘었다는 데 있다. 중국 정부와 민간 부문의 부채가 GDP에서 차지하는 비중이 2008년 169%에서 2017년에는 300%를 넘어섰다. 특히 기업 부채가 같은 기간 GDP의 92%에서 167%로 늘었다. 지난 역사를 보면 부채의 급증 다음에는 경제 성장이 둔화되거나 경제위기가 왔다.

중국은 기업의 구조조정 과정에서 경제가 크게 위축되는 것을 막기 위해 소비를 활성화하는 대책을 마련하고 있다. 또한 증권시장을 통해 기업의 채무 조정을 돕고 있다. 중국 기업은 투자를 늘리는 과정에서 대부분 자금을 은행을 통해 조달했고 기업 부실이 곧바로 은행 부실로 이어졌다. 그러나 2008년 이후로는 주식과 채권을 통해 자금을 조달하는 기업이 크게 증가하고 있다. 앞으로도 이러한 추세가 지속되면서 증권시장이 더 빠르게 성장할 전망이다.

미국이 무역 적자국이고 중국이 흑자국인 가장 중요한 이유는 미국이 상대적으로 소비를 많이 하고 중국은 적게 하는 데 있다. 한 나라의 저축률과 투자율의 차이가 그 국가의 GDP 대비 경상수지 흑자율과 유사한데, 2001~18년 미국의 연평균 국내 저축률이 17.7%로 총투자율(21.0%)보다 3.3%p 낮았다. 이와는 달리 중국은 같은 기간 저축률(47.2%)이 투자율(43.6%)보다 3.6%p 높았다. 미국과 중국의 무역 불균형이 해소되기 위해서는 미국의 소비가 위축되든지 중국이 소비 중심으로 성장해야 한다는 이야기다.

2019년 미국의 명목 GDP에서 민간 소비가 차지하는 비중은 68%로 중국(39%)보다 훨씬 높다. 좀 멀리 내다보면, 미국의 소비 비중은 줄고 중국 가계가 소비를 늘리면서 양국간 무역 불균형이 해소되는 과정을 거칠 전망이다.

우선 미국 가계가 소득에 비해서 부채를 줄여가고 있는 것은 사실이지만, 아직도 과거 평균에 비해서는 높다. 2000년 GDP 대비 71%였던 가계 부채가 2007년에는 99%까지 올라가면서 2008년 금융위기의 한 원인이 되었다. 그 후 가계의 부채 조정이 이뤄지는 가운데 2019년 말에는 77%까지 떨어졌지만, 위기 전 장기 평균(1980~2007년)인 64%보다는 높다. 저금리와 양적완화에 따른 풍부한 유동성으로 집값과 주식 가격에 거품이 발생했는데, 이 거품이 해소되면 미국의 가계 소비가 급격하게 위축될 가능성이 높다.

반면 중국 경제는 소비 중심으로 성장할 전망이다. 2008년 미국에서 시작된 금융위기가 전 세계로 확산되면서 2009년 세계 경제는 선진국 중심으로 -0.1% 성장했다. 그러나 그해 중국 경제는 9.4% 성장하면서 '중국만이 자본주의를 구제한다'라는 말까지 나오게 했다. 중국 경제가 이처럼 높은 성장을 한 것은 고정 투자가 GDP에서 차지하는 비중이 2009년 46%(1990~2008년 평균 39%)로 크게 증가한 데 있다.

그러나 그 과정에서 기업 부채가 GDP의 160%를 넘어설 만큼 기업이 부실해졌다. 기업의 구조조정 과정에서 투자는 상대적으로 줄어들 수밖에 없다. 이제 투자 대신 소비가 경제 성장을 주도할 가능성이 높아진다. 2019년 말 중국 가계 부채가 GDP에서 차지하는 비중이 53%로 다른 나라(G20 평균 59%)에 비해서는 상대적으로 낮고, 중국의 1인당 국민소득이 2019년 1만 달러를 넘어서면서 소비가 본격적으로 증가할 것이기 때문이다.

환율 조정도 미중 무역 불균형 해소에 기여할 것이다. 다음 장에서 자세히 다루겠지만 중장기적으로 달러 가치는 하락하고 위안 가치는 오를 가능성이 높다.

대전환의
시대

♦

미국 위스콘신대학 매디슨 캠퍼스의 역사학 석좌교수인 앨프리드 맥코이Alfred McCoy는 저서 『대전환』에서 미국 제국이 해체 시기에 접어들었다고 주장하고 있다. 그의 주장은 다음 문장에 축약되어 있다.

"포르투갈은 1년, 소련은 2년, 프랑스는 8년, 오스만 제국은 11년, 영국 제국은 17년 만에 완전히 해체되었다. 미국 제국 또한 2003년을 기점으로 27년 후 같은 운명을 맞이할 것이다."

여기서 2003년은 조지 부시George W. Bush 전 미국 대통령이 이라크를 침공한 시기다. 당시 미국은 유엔안보리에서 과반의 지지에 실패했을 뿐만 아니라 주요 협력국들에 대한 통제력도 상실했다. 이라크전쟁에서 4800명의 미군이 희생됐고 전쟁 기간 혹은 그 이후 8년간 1조 달러를 투입했다. 그러나 이라크 누리 알 말리키 총리는 미군

철수를 요구하며 미국 대사관 신축을 불허했다. 또한 앙겔라 메르켈 Angela Merkel 독일 총리는 "우리의 미래와 유럽인의 운명은 우리 힘으로 지켜야 한다"라고 말하면서 미국의 영향력에서 벗어나고자 했다.

맥코이 교수는 역사적으로 보면 제국의 내재된 힘이 부족할 때 제국이 붕괴되었다고 주장한다. 그중에서도 재정 압박이 가장 중요한 원인이었다. 그는 미국 붕괴 시나리오를 주로 다음과 같은 4단계로 구분해서 설명하고 있다. 1단계 세계 질서의 변화. 2단계 경제 쇠퇴. 3단계 군사적 재난. 4단계 제3차 세계대전이다.

우선 제국은 이데올로기와 더불어 행정기구와 군사력에 의해 유지됐다. 이데올로기 측면에서 보면 스페인은 기독교, 영국은 자유시장과 페어 플레이였다. 미국의 경우는 민주주의를 기반으로 한 인권과 법치주의가 이데올로기였다. 그러나 도널드 트럼프 Donald J. Trump 대통령이 집권하는 동안(2017~20년) 미국의 이데올로기는 국내에서 상당 부분 무너졌다. 특히 46대 대통령 선거에 불만을 품은 트럼프 지지자들의 미 의회 난입 사건은 미국의 민주주의를 후퇴시켰다. 조 바이든 Joe Biden 대통령은 의사당을 '자유의 성채'라고 했다. 그런 의사당에서 깨진 유리창은 미국 민주주의 후퇴로 역사에 기록될 것이다.

그렇다면 앞으로 어느 나라가 어떤 이데올로기로 제국의 역할을 할 것인가. 맥코이 교수는 미국이 쇠퇴해도 자유주의 세계 질서, 자유

무역, 인권, 주권 존중 정신은 여전히 살아남아 번창할 것으로 보고 있다. 러시아와 중국은 세계를 지배할 이데올로기를 마련하지 못한다는 것이다. 이들은 내부 지향적이고 자기 지시적 문화를 가진데다가 비민주적 정치 구조 및 미숙한 법체계와 더불어 비로마자 문자로 세계 지배에 꼭 필요한 수단을 마련하지 못했다. 시진핑 중국 국가주석도 2021년 1월 25일 다보스포럼 화상 개막 연설에서 "모든 나라는 각기 고유한 역사, 문화, 사회체제를 지녔으며, 누구도 다른 나라보다 우월하지 않다"라고 말했다.

그러나 글로벌 질서에서 중국의 역할은 크게 확대될 전망이다. 베이징은 북대서양조약기구에 대응하는 상하이협력기구, IMF의 역할을 할 수 있는 아시아인프라투자은행AIIB, 환태평양경제동반협정TPP에 대항하는 역내포괄적경제동반자협정RCEP 체결을 맺으며 세계에서 미국의 역할 일부를 대신할 가능성이 높아진 것이다.

맥코이 교수는 중국이 세계를 지배할 이데올로기를 갖고 있지 않기 때문에 앞으로 세계는 다극체제로 변화할 것으로 내다보고 있다. 예를 들면 브라질리아는 남미, 워싱턴은 북미, 베이징은 동아시아와 동남아시아, 모스크바는 동유럽, 뉴델리는 남아시아, 테헤란은 중앙아시아, 앙카라는 중동, 프리토리아는 아프리카 남부를 지배할 것이라는 견해를 밝혔다.

경제적 측면에서는 미국이 쇠퇴하고 중국이 급부상하는 모습이 나타나고 있다. 앞서 살펴본 것처럼 2020년 중국 GDP가 미국의 70%를 넘어섰으며, 2030년에는 미국을 추월할 가능성이 높다. 기술 혁신 측면에서도 중국이 매우 빠르게 성장하고 있다. 예를 들면 2014년 기준 중국에서 등록한 특허는 80만 1000건으로 전 세계 특허 출원의 절반 정도를 차지하고 있을 뿐만 아니라, 미국의 28만 5000건을 훨씬 넘어선 수다. 2012년 OECD 학생평가에서는 중국이 과학, 수학 등에서 대부분 1위를 차지했다. 중국의 핵심 우주과학자 집단도 미국보다 20년 젊어, 앞으로의 우주과학에 있어서도 중국이 미국을 앞서갈 것이라는 전망이 지배적이다.

다음으로 미국 달러의 기축 통화 역할 상실이다. 1974년 사우디아라비아가 원유를 수출하면서 달러로 결제한 것이 달러의 기축 통화 역할을 굳혔다. 그 이후 미국은 40센트 정도의 비용으로 100달러 지폐를 발행해 거의 무제한 소비하는 데 사용했다. 또한 그 돈으로 세계 전역에 군사를 주둔시켜 세계 경찰 역할까지 했다.

그러나 이 과정에서 미국의 대외 부채는 지속적으로 늘었다. 2020년 11월을 기준으로 외국인이 7조 달러 넘게 미 국채를 보유하고 있다. 달러의 신뢰가 상실되면 외국인이 미국 국채를 더 이상 사주지 않을 것이고, 기존에 보유하고 있는 국채 일부를 팔 수도 있다. 달러 가치가 하락하면 미국의 수입물가와 소비자물가는 상승할 것이다. 앞에서 살펴본 것처럼 2020년대는 미국에서 인플레이션 시대가 진행될 가능성이 높다는 이야기다. 그렇게 되면 세계의 미국 국채 수요는 크게 줄어들 것이다. 국채를 제대로 발행할 수 없는 미국은 재정난으로 국방 예산을 줄이고 일부 해외 기지를 폐쇄하면서 세계 경찰역할도 축소할 것이다. 또한 내부에서는 인구 고령화로 재정수요가 증가(2010년 사회복지 비용이 GDP의 4%였으나 2050년에는 18%로 증가 예상)하면서 상대적으로 해외 재정 지출을 줄일 수밖에 없다.

4장을 시작하면서 퓨리서치센터의 조사를 통해 미국인의 중국에 대한 비호감도가 급격하게 증가하고 있다는 것을 보여주었다. 앞으로도 '우리의 기술을 훔치고 미국인의 일자리를 아시아로 빼돌린 교활한 중국'이라는 미국인의 인식은 더 강해지고, 정치인의 '희생양 찾기' 차원에서 중국을 향한 비난은 거세질 것이다. 맥코이 교수는 극단적인 경우 미중 전쟁을 시작으로 한 제3차 세계대전을 예상하고 있다.

흥망성쇄 사이클 정점을 지난
미국 제국

♦

레이 달리오는 제국의 흥망성쇄 과정을 8단계로 구분했다. 이에 따르면 한 국가가 세계의 새로운 질서(1단계)를 설정한 다음 평화와 번영 속에 경제가 높은 성장을 한다. 이 시기에 부채가 증가하지만 자원은 생산성이 높은 곳에 투자된다(2단계). 3단계에 가서는 부채가 크게 늘지만 경제 성장과 자산 가격 상승으로 그 나라의 부가 크게 증가한다. 그러나 4단계에 접어들면 부채에 의한 성장의 한계가 드러나고 자산 가격의 거품이 붕괴될 뿐만 아니라 경제성장률도 크게 낮아진다. 이에 대응해 정책 당국은 대규모로 돈을 찍어내 신용공급을 늘려 경기를 부양한다(5단계). 하지만 통화정책으로 경기 부양 한계에 직면하면서 경제 주체 간 갈등이 심화해 혁명이 일어나고 극단적인 경우 전쟁이 일어난다(6단계). 그다음 7단계에 가서는 부채 재조정이나 새로운 정치 세력의 등장으로 새로운 질서를 모색한다.

현재 미국은 어느 단계에 있을까? 5단계에서 6단계로 가는 과정에 있을 가능성이 높다. 2008년 금융위기를 겪으면서 대규모로 돈을 찍어냈고, 2020년 코로나19로 1930년 대공황 이후 가장 심각한 경기

제국의 흥망성쇠 사이클

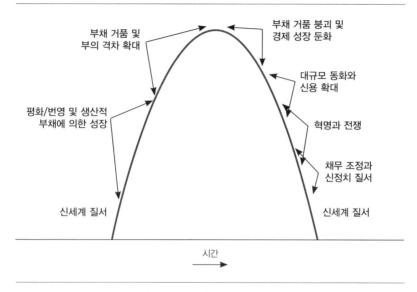

자료: Ray Dalio, "The Big Cycles Over The Last 500 Years", 2020.7.

침체를 겪으면서 통화 공급을 더 늘리고 있다. 게다가 46대 대통령 선거를 치르면서 국민들 사이의 갈등은 더 심화하고 있다. 바이든 대통령은 미 의회에 난입한 트럼프 지지자들을 '폭도'라고 표현했다.

미중 무역 전쟁의
전개 양상

♦

앞서 자세히 살펴본 것처럼 미국은 세계 정치와 사회, 특히 경제적 측면에서 그 역할이 축소되고 있다. 미국 대신 중국이 패권국이 될 수는 없지만, 사회와 경제 등 각 분야에 미치는 영향은 커지고 있다. 이것이 미중 패권 전쟁의 본질이다. 하버드대학 석좌교수인 그레이엄 앨리슨Graham Allison이 쓴 『예정된 전쟁』은 미중 패권 전쟁을 이해하는 데 중요한 지침서가 될 수 있다. 그는 '투키디데스 함정Thucydides Trap'이라는 키워드로 미중 패권 전쟁의 전개 방향을 풀어가고 있다. 이는 고대 그리스의 스파르타와 아테네 사이의 갈등에 기원한다. 고대 그리스 역사학자 투키디데스는 신흥 강국 아테네가 기존 강국 스파르타를 위협할 정도로 커지면서 결국 전쟁이 일어났다고 말한다. 앨리슨 교수가 지난 500년 역사를 분석해보니 신흥국이 강대국을 위협할 정도로 성장하는 과정에서 두 세력 간 전쟁이 있었다는 것이다. 그가 분석한 16번 사례에서 12번 전쟁이 있었다.

앨리슨 교수는 미국과 중국 사이를 투키디데스 함정에 대입하고 있다. 기존의 강자(Ruling Power)인 미국이 부상하는 신흥 강국(Rising Power) 중국을 가만두지 않을 것이라는 이야기다. 이 책은 미중 패권

그레이트 리셋

전쟁이 무역 전쟁에서 금융 전쟁으로, 나아가서는 무력 전쟁까지도 갈 수 있다는 시나리오를 제시하고 있다. 이미 도널드 트럼프 전 미국 대통령은 중국 수입 상품에 높은 관세를 부과했고 중국도 맞대응했다. 미중 무역 전쟁은 현재 진행형이다.

앨리슨 교수의 시나리오에 따르면 다음은 금융 전쟁이다. 시나리오 내용은 다음과 같다. 미국은 무역 등 중국에 대한 규제를 더 강화한다. 중국은 가지고 있는 미국 국채(2020년 11월말 1조 630억 달러)를 매각한다. 그렇게 되면 일시적으로 달러 가치가 폭락하고 시장금리는 급등하며 자산 가격이 급락한다. 미국 경제와 금융시장이 혼란에 빠진다는 것이다. 그렇게 되면 미국은 중국의 수입을 직접 규제하는 등 중국에 대한 압박을 더 강화할 것이다. 그러면 중국이 미국의 금융회사에 사이버 공격을 할지도 모른다. 예를 들면 중국이 미국 금융회사 사이트 등에 침입해서 고객의 계좌를 지워버리는 식이다.

그다음은 무력 전쟁이다. 금융회사 사이버 공격을 받은 미국은 그 진원지를 상하이로 추정하고 드론 등을 통해 상하이를 군사 공격한다. 이에 맞서 베이징은 워싱턴을 군사 공격한다.

앨리슨 교수는 이러한 불행한 시나리오를 피하기 위해 미중이 대안을 찾아야 한다고 주장한다.

바이든 시대의
미중 관계

◆

바이든 시대 미중 패권 전쟁은 앞의 시나리오를 따를까? 앨리슨 석좌교수는 《중앙일보》에 보낸 '바이든 외교정책의 단서들'이라는 기고문에서 "바이든은 미국 외교를 복원하고, 트럼프 외교정책과 업적을 재검토하고, 중국을 '투키디데스 라이벌'로 인식하되 필요한 영역에서는 협력하는 현실적 접근을 할 것"이라고 말했다. 그는 '예정된 전쟁'의 시나리오대로 가지 않을 것이라고 보고 있다. 바이든 삶의 궤적을 살펴보면 대중 접근법의 단서가 되는 '5R'을 발견할 수 있다는 것이다.

첫째, 복원(Restoration)이다. 개인적 경험에 바탕을 둔 충동적인 트럼프의 '트윗 정부'에 종언을 고하고 일반적인 외교정책 관행을 복원하겠다는 것이다.

둘째, 뒤집기(Reversal)다. 미국의 국익에 분명히 해가 되는 트럼프 이니셔티브를 뒤집는 과정에서 바이든 행정부는 파리기후변화협약, 세계보건기구, 유엔인권위원회, 그밖에 많은 국제기구에 재가입할 것이다. (바이든은 취임 다음 날 파리기후변화협약과 세계보건기구에 재가입했다.) 트럼프가 동맹과 국제기구를 혐오했다면 바이든은 언제나 동맹

중시파였다. 그는 동맹이야말로 미국의 힘을 배가시킬 수 있다고 믿는다.

셋째, 재검토(Review)다. 중국을 상대로 '159개의 업적'을 만들었다는 트럼프 정부의 자랑을 리뷰하면서 바이든 팀은 그 업적이 과연 미국의 국익에 도움이 되는지를 물을 것이다. 이 과정에서 어떤 업적은 뒤집힐 것이고, 어떤 업적은 수정 보완될 것이다. 일례로 후보 시절 바이든은 트럼프의 중국 수입 상품의 관세 부과는 미국 소비자와 생산자에게 손해를 끼쳤다고 비판했다. 트럼프가 주장한 관세 부과 목적은 미국의 대중 무역 적자를 줄이는 것이었는데 오히려 무역 적자가 늘어났다. 실제로 트럼프 정부 4년(2017~20년) 동안 미국의 대중 무역수지 적자는 1조 4508억 달러로 이전 4년(1조 3745억 달러)보다 늘어났다. 관세 부과의 효과를 재검토하겠다는 것이다.

넷째, 인정(Recognition)이다. 바이든은 중국을 냉전 시대 러시아의 쌍둥이라고 생각하지 않을 것이다. 바이든은 두 나라의 관계를 '강대국 경쟁자great power competitor'로 다뤘던 트럼프 행정부의 판단이 부적절하다는 점을 알고 있다. 러시아는 전통적인 강대국 경쟁자다. 반면 중국은 진정한 '투키디데스 라이벌'이다. 중국의 부상은 전 세계 권력 지형을 빠르게 변화시키고 있다. 영향력뿐 아니라 세계를 미국의 세계로 만들었던 바로 그 미국의 실체를 위협하는 것이다.

다섯째, 현실주의(Realism)다. 미국과 중국이 기후 붕괴와 핵무기를 상호 확증 파괴라는 심각한 위협을 야기하는 작은 지구에 살고 있다는, 그 벗어날 수 없는 사실을 현실로 받아들인다면 협력의 필요성을 느낄 것이다. 이러한 환경에서 살아남기 위한 4C가 바로 그것이다. 우선 오해와 착오를 줄이기 위해 매우 긴밀하게 커뮤니케이션(communication)해야 한다. 원치 않는 갈등을 촉발할 수 있는 이니셔티브를 억제(constraints)해야 하며, 제3자의 도발 또는 우연한 사고가 양국을 원치 않는 전쟁으로 이끌지 않도록 조율(coordination)해야 하고, 나아가 협력(cooperation)해야 한다. 특히 미중 양국은 세계 1, 2위 온실가스 배출국이다. 두 나라가 살기 좋은 지구 환경을 유지하기 위해 배출량을 줄일 방법을 찾도록 협력해야 한다는 것이 앨리슨 교수의 주장이다.

이러한 측면에서 보면 앨리슨 교수가 『예정된 전쟁』에서 제시했던 무역 전쟁에서 금융 전쟁으로, 그다음 무력 전쟁으로 번지는 시나리오는 현실이 될 가능성이 낮다. 그러나 바이든 대통령은 2021년 2월 7일 CBS 〈페이스더네이션〉과의 인터뷰에서 "중국과 충돌할 필요는 없겠지만 극심한 경쟁이 있을 것"이라고 했다. 또한 그는 중국 시진핑 주석을 향해 "그는 매우 명석하고 강인하지만, 민주주의를 전혀 체계화하지 못했다", "뼛속까지 민주주의가 없다"라고 표현했다. 미중 관계는 근본적으로 패권 전쟁이기 때문에 트럼프에 이어 바이든 시대에도 지속될 것을 시사하고 있다. 전개될 전쟁 형태만 다를 것이다.

중국에서 금융으로
국부를 늘릴 기회

♦

미국과 중국의 관계는 패권 경쟁이기 때문에 장기적으로 지속될 것이다. 그레이엄 앨리슨Graham Allison이나 레이 달리오가 주장하는 것처럼 극단적인 무력 전쟁으로 이어질 가능성도 배제할 수는 없다. 그러나 미중 패권 전쟁의 중간 종착점은 중국 자본시장의 완전 개방일 가능성이 높다.

미국은 2001년에서 2020년까지 중국과의 교역에서 5조 4549억 달러에 이르는 무역 적자를 냈다. 미국이 상품 생산으로 중국에서 이 돈을 찾아오는 것은 거의 불가능한 일이다. 미국이 세계 최고의 경쟁력을 갖고 있는 분야는 금융이다. 미국은 금융을 통해서 무역에서 잃은 돈을 찾아올 수 있을 것이다. 그래서 미국은 중국의 자본시장과 외환시장 자유화를 요구하고 있다.

중국도 중장기적으로 위안화 국제화를 포함한 금융 강국을 추구하고 있다. 그러기 위해서는 자본시장 문을 활짝 열어야 한다. 이미 중국은 단계적으로 시장 개방을 시행하고 있다. 2019년 은행업과 신용평가사에 대해 외자지분 제한을 완전 폐지했다. 2020년에는 계획보다 더 빠르게 보험사, 증권사, 자산운용사를 외국인에게 개방했다. 이에 따라 JP모건, 골드만삭스, 모건스탠리 등 많은 미국계 금융회사들이 경쟁적으로 중국에 진입하고 있다. 심지어는 일본 노무라증권도 중국에 진출했다.

중국의 금융 산업 개방

	금융 산업 개방 내용
2019년	• 은행업, 신용평가사 외자지분 제한 완전 폐지 (외자지분율 51%에서 100%로) • 글로벌 주식/채권지수 편입(모건스텐리 캐피탈 인터내셔널 지수 등)
2020년	• 생명보험사, 펀드운용사 외자지분 제한 완전 폐지 • 증권사 외자지분 제한 완전 폐지 (2020년 12월 계획했으나 4월로 앞당겨 실시)

이들이 중국에 진출하는 이유는 중국 금융시장의 미래가 밝기 때문이다. 우선 중국 경제는 1978~2007년 20년 동안 연평균 10% 성장했다. 세계 경제사에서 거의 유례를 찾아볼 수 없을 정도로 높은 성

장이다. 그러나 2008년 글로벌 금융위기 이후 성장률이 점차 낮아지고 있다. 2008~20년 연평균 성장률은 7.5%로 떨어졌다. 최근 5년 (2016~20년) 사이에는 연평균 성장률이 5.7%로 더 낮아졌다.

앞으로 5년을 내다보면 중국 경제성장률은 4~5%에 그칠 전망이다. 그러나 질적으로 개선될 것이다. 앞서 중국의 부채 문제에서 다뤘던 것처럼 2008년 글로벌 금융위기 이후 중국 경제가 투자 중심으로 성장하는 과정에서 기업이 부실해졌다. GDP에서 투자가 차지하는 비중이 상대적으로 줄어들 수밖에 없다. 그럼에도 경제가 4~5% 성장할 수 있는 이유는 '1인당 국민소득 1만 달러를 가진 14억 명의 인구'가 있기 때문이다.

실물 경제 성장이 둔화하는 과정에서 금융 부문, 특히 자본시장은 더 빠른 속도로 성장할 가능성이 높다. 중국 기업들은 주로 간접 금융을 활용해 투자를 했다. 은행에서 돈을 빌려 투자했다는 의미다. 그래서 기업 부실이 은행 부실로 이어졌다. 그러나 최근에는 중국의 많은 기업이 주식과 채권 발행(직접 금융)을 통해서 자금을 조달하고 있다. 이 과정에서 증권시장의 성장 속도가 가속화할 것이다. 중국의 가계도 실물에서 축적한 저축 일부를 금융시장에 투자할 가능성이 높다.

또한 외국인들도 중국 투자를 늘릴 가능성이 높다. 중국 GDP가 세

계에서 차지하는 비중이 17% 정도로 높아졌으나, 미국계 주요 금융
회사들이 보유하고 있는 금융자산 가운데 중국 비중은 4% 안팎인 것
으로 알려져 있다. 또한 다음 장에서 살펴볼 것처럼 중장기적으로 달
러 가치가 하락하고 상대적으로 위안 가치가 오를 가능성이 있다. 환
차익을 누리기 위해서라도 외국인의 중국 투자는 늘어날 가능성이
높다.

우리나라는 그동안 대중 수출로 국부를 늘렸다. 예를 들면 2000~
20년 우리나라 전체 무역수지(통관 기준) 흑자가 7770억 달러였는데
대중 무역수지 흑자는 6618억 달러로 85%를 차지했다. 하지만 갈수
록 중국은 대부분 상품을 자국에서 생산하고 자국에서 소비할 가능
성이 높다. 대중 무역수지 흑자는 줄어들 것이다.

미중 무역 전쟁의 가장 가까운 종착점은 중국의 자본시장 개방일
것이다. 이미 금융 산업은 개방되었고, 금리와 외환시장 자유화만 남
아 있다. 중국은 미국의 요구와 더불어 중장기적으로 금융 강국을 추
구하고 있기 때문에 자본시장과 외환시장을 결국 개방할 것이다. 시
기의 문제일 뿐이다. 물론 영국의 경제 주간지 《이코노미스트》가 지
적한 것처럼 중국의 자본시장 개방은 다양한 규제와 결합된 '하이브
리드 자본주의Hybrid capitalism'일 수 있다. 그럼에도 미국의 많은 금융회
사처럼 우리도 중국 금융을 통해 국부를 늘려야 할 것이다.

플라자합의가
우리에게 남긴 교훈

◆

1985년 9월 플라자합의로 우리 경제는 수출로 한 단계 도약할 수 있었다. 플라자합의는 1985년 9월 22일 뉴욕의 플라자호텔에서 G5(프랑스·독일·일본·미국·영국) 재무장관과 중앙은행 총재가 만나 미국의 무역수지 개선을 위해 달러 가치 하락과 더불어 엔화와 마르크화 강세를 유도하기로 한 합의다. 1981년 레이건 정부가 들어서면서 감세정책을 펼쳐 경기를 부양했으나, 긍정적 효과보다는 재정수지와 경상수지 적자의 확대라는 부정적 측면이 더 강하게 나타났다. 이를 시정하기 위해 미국이 플라자합의를 이끈 것이었다.

이때 특히 일본 엔화 가치가 크게 상승했다. 플라자합의 직전 1985년 8월 말에는 엔/달러 환율이 239엔이었다. 그러나 1년 반도 지나지 않은 1987년 12월에는 환율이 123엔으로 떨어졌다. 단기간에 엔화 가치가 48%나 상승한 셈이다. 이 시기에 원화 가치는 엔화에 비해서 무려 73%나 하락했다. 세계 시장에서 일본 기업과 경쟁해야 했던 우리 수출 기업들의 가격 경쟁력이 급격하게 올라갔다.

한편 같은 시기에 저유가와 저금리가 겹쳤다. 미국의 권유로 사우

플라자합의 이후 엔화 가치 급등

239
(1986.8)

원/100엔(좌)

123
(1987.12)

엔/달러(우)

자료: 한국은행, Blommberg

디아라비아는 원유 생산을 늘렸다. 그러자 1985년 9월 말 배럴당 27
달러(두바이유 기준)였던 국제 유가가 1986년 6월말에는 8달러까지 급
락했다. 유가 하락으로 세계 물가가 안정되고 각국 중앙은행은 저금
리정책을 펼칠 수 있었다. 예를 들면 1985년 12월 8.3%였던 연방기
금금리 실효 수준이 1986년 9월에는 5.9%로 하락했다. 저유가(저물
가)와 저금리로 미국 등 선진국 가계가 소비를 크게 늘렸고, 우리 상
품에 대한 수요도 증가했다. 여기에다가 플라자합의에 따른 엔화 강

세(원화 약세)로 우리의 수출은 더 늘었다. 우리나라 경제는 1986~88 년 동안 수출 중심으로 연평균 12%라는 높은 경제 성장을 달성했다. 저달러·저유가·저금리로 상징되는 이른바 '3저 호황'인데, 미국이 우 리 경제가 수출 중심으로 한 단계 도약할 기회를 마련해주었다.

1997년 외환위기 이후 우리나라 경상수지는 지속해서 흑자를 기 록하고 있다. 경상수지 흑자는 해외 직접 투자나 증권투자를 통해 해 외로 유출되고 있다. 2020년 한 해만 보더라도 우리나라 경상수지 흑 자는 753억 달러였다. 같은 해에 해외 직접 투자로 325억 달러가 나 갔고, 증권투자로 586억 달러 유출됐다. 증권투자 중에서도 주식투자 가 563억 달러로 대부분을 차지했다. 물론 외국인도 우리 증권(주로 채권)을 사주었기 때문에 해외 순증권투자는 415억 달러였다.

앞으로도 우리 경제에서 저축률이 투자율을 넘어설 것이기 때문에 경상수지 흑자는 지속할 가능성이 높다. 이러한 경상수지 흑자는 해외 증권투자로 나갈 수밖에 없는 상황이다. 그동안 국민연금 등 연기금과 금융회사의 해외 주식 매입으로 경상수지 흑자가 활용돼 국부를 늘려 왔다. 예를 들면 2020년 말 기준 국민연금은 금융자산을 833조 원 보 유하고 있는데, 이 가운데 해외 주식이 193조 원으로 23%를 차지하고 있다. 또한 1988년에서 2020년까지 해외 주식투자에서 연평균 10.2% 의 높은 수익을 내왔다. 금융으로 우리 국부를 늘리고 있는 셈이다.

해외 주식투자는 주로 미국 등 선진국 시장에서 이뤄졌고 수익을 냈다. 그러나 앞으로 그 가능성이 미국보다는 중국에 열려 있을 것으로 내다본다. 미중 패권 전쟁의 산물일 수 있는 중국의 자본시장 개방을 통해 우리가 금융으로 국부를 늘릴 기회를 놓치지 말아야 할 것이다.

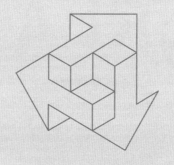

5장

환율과 금리 전망

미 달러 유효수요 창출하면서
세계 경제 성장에 기여

♦

『리오리엔트』라는 책을 쓴 안드레 군더 프랑크Andre Gunder Frank는 수입을 하고 싶은데 수출할 상품이 없을 때 발생하는 무역 적자를 정산하는 데 화폐가 쓰였다고 했다.[1] 현재 미국 달러가 미국인에게 그런 역할을 하고 있다. 미국은 40센트 비용으로 100달러 지폐를 만들고 그 지폐로 상품을 수입하고 있다.

또한 프랑크는 "화폐는 세계를 돌면서 세계를 돌게 한다"라고 했다. 1970년대 이후로 미국 달러가 세계를 돌게 하는 윤활유 역할을

---

[1] 안드레 군더 프랑크, 『리오리엔트』, 이산, 2003, p.237.

해오고 있다. 세계 경제는 지속적으로 성장하고 인구도 증가하고 있는 추세였다. 이에 따라 각종 거래가 계속 늘어나면서 금을 포함한 상품 화폐로는 이 거래를 충족시킬 수 없었다. 그래서 새로운 신용 화폐가 필요했고, 이때 달러가 등장한 것이다. 미국은 달러를 찍어내 세계 경제 성장과 인구 증가에 따른 거래 증가를 충족해준 셈이다.

화폐는 그 속성상 유효수요를 지원하고 창출하고 이 수요가 다시 공급을 유발한다. 실제로 달러는 미국뿐만 아니라 세계 유효수요를 창출했다. 싼 비용을 들여 만든 달러로 미국 가계는 소비를 늘렸고 이는 중국의 생산 증가를 초래했다.

미국이 달러를 대량으로 찍어내면서 소비했는데도, 물가가 오르지 않은 것은 중국이 달러를 흡수해주었기 때문이다. 화폐와 물가의 관계를 설명하는 대표적 경제 이론이 '화폐수량설quantity theory of money' 이다. 미국의 경제학자 어빙 피셔는 'MV＝PT'라는 교환방정식에 의해 화폐 공급과 물가의 관계를 분석했다. 여기서 M은 화폐 수량이고 V는 화폐의 유통 속도이며, P는 물가수준, T는 거래량이다. 화폐 유통 속도(V)와 거래량(T)이 일정하면 통화(M)가 증가한 만큼 물가(P)는 오른다는 의미다.

그런데 1980년을 기점으로 세계 물가상승률이 떨어졌고 특히 2000년대 들어서는 디스인플레이션 시대라 할 만큼 물가가 안정되었다. 가장 중요한 이유는 중국의 높은 경제 성장으로 거래량(T)이 증가해서다. 달러 증가가 중국의 거래량 증가로 흡수되어 물가가 안정된 것이다. 다르게 보면 미국의 달러가 중국의 외환 보유로 상당 부분 묻혔기 때문에 화폐 유통 속도(V)가 줄어들어 물가를 안정시켰다는 해석도 가능하다. 경제학자 찰스 킨들버거Charles P. Kindleberger가 말하는 소비하는 자(미국)와 비축하는 자(중국)의 관계다.

그러나 2008년 글로벌 금융위기와 2020년 코로나19 경제위기를 거치면서 달러 발행이 급증했다. 2007년 말 8372억 달러였던 미국의 본원통화는 3번의 양적완화를 종료했던 2014년 10월 4조 15억 달러로 4.8배나 증가했다. 그 후 2020년 3월까지 정체하다가 코로나19로 경기가 급격한 침체에 빠지자 미 연방준비제도는 다시 돈을 찍어내고 있다. 2020년 말 본원통화가 5조 2066억 달러로 1년 만에 무려 52%나 증가했다.

문제는 그만큼 거래량이 수반되기 어렵다는 데 있다. 10% 안팎 성장했던 중국의 경제성장률이 앞으로 4~5%로 떨어지고, 중국 인민은행은 외환보유액 다변화로 달러 비중을 줄일 것이기 때문이다. 미국의 경제성장률도 중장기적으로 2% 안팎의 성장에 그쳐 풀린 통화를 흡수할 수 없을 것이다. 화폐 유통 속도가 하락하면서 급격한 인플레이션은 초래하지 않겠지만, 거래량 증가를 수반하지 않은 통화 증가는 물가 상승으로 이어질 가능성이 높다. 미국의 물가가 상승하면 달러 가치가 하락하고 이는 다시 물가 상승을 초래한다. 여기다가 누적되고 있는 미국의 대외 부채를 고려하면 달러 가치는 가파르게 하락할 가능성이 높다.

역사상 3번째
달러 가치 하락 국면

♦

다음 그래프는 주요 선진국 통화에 대한 달러 가치의 장기 추이를 보여준다. 우선 달러 가치는 1973년 이후 하락하는 추세를 보이고 있다. 2번에 걸쳐 달러 가치가 급락한 적이 있는데, 첫 번째는 1985년 2월에서 1992년 8월 사이다. 이 시기에 달러 가치는 51%(월말 기준) 하락했다. 앞서 살펴본 플라자합의가 달러 가치 하락의 주요인이었다. 두 번째 달러 가치 하락 기간은 2002년 2월부터 2008년 3월까지로 이때 40% 떨어졌다. 정보통신 거품(닷컴 버블) 붕괴로 미국 경제가 진통을 겪었던 시기다.

2018년 이후 달러 가치가 3차 하락 국면에 접어든 것으로 판단된

달러 가치 하락 추세

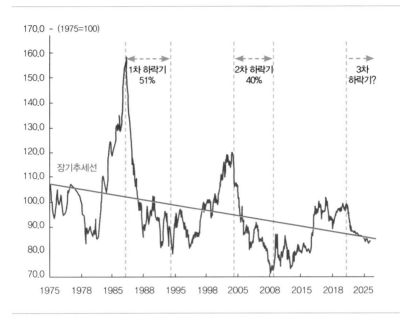

주: 주요 선진국 통화 대비 달러지수
자료: Bloomberg

다. 달러 가치 변화의 가장 중요한 원인은 세계 경제에서 미국 비중의 축소에 있다. IMF 통계에 따르면 2016년 미국 GDP가 세계에서 차지하는 비중은 24.7%였고 2019년에는 24.5%로 소폭 하락했다. 그러나 IMF는 2025년 미국 비중이 22% 정도까지 줄어들 것으로 내다보고 있다. 미국 비중 축소는 달러 가치 하락을 의미한다.

앞서 간단하게 살펴봤지만, 미국 경제에 누적되고 있는 대내외 불균형이 달러 가치의 하락 요인이다. 2008년 금융위기 이후 미국 정책 당국이 통화 및 재정정책을 적극적으로 운용하면서 경제위기를 극복하고 있지만, 미국의 대내외 부채는 급증하고 있다. 2007년 GDP 대비 62.9%였던 미 연방정부의 총부채가 2012년부터는 100%를 넘어섰고, 2020년 2분기에는 135.6%에 이르렀다. 2분기 GDP 대비 재정적자도 15.3%로 1960년 이후 최고치를 기록했다. 2008년 금융위기 원인이었던 가계와 기업을 포함한 민간 부채도 2012년 GDP의 191.4%에서 2020년 2분기 240.2%로 사상 최고치까지 급증했다.

대외 부문에서도 불균형은 확대되고 있다. 2020년 2분기 GDP 대비 경상수지 적자는 3.4%로 2008년(4.3%)년 이후 가장 높았다. 2020년 무역수지 적자도 6787억 달러로 전년 5769억 달러보다 크게 늘었다. 이에 따라 미국의 대외 부채가 크게 증가하고 있는데, 2020년 3분기 GDP 대비 대외 순부채 비율은 65.9%로 2008년 27.2%에 비해 껑충 뛰었다.

금리 상승과 달러 가치 하락을 통해 이러한 대내외 불균형은 해소될 수 있다. 인플레이션 예상으로 시장금리는 상승하겠지만 미 연방준비제도에서 평균물가목표제를 도입하기로 한 만큼 당분간 연방기금금리 인상을 최대한 자제할 것이다. 달러 가치 하락을 통해 대내외 불균형이 해소될 수밖에 없는 이유다.

그레이트 리셋

기본적으로 미국의 경상수지 적자가 늘고 대외 부채가 늘어나는 것은 미국 민간 부분이 저축보다 투자를 더 많이 하고, 정부는 세수를 넘어선 지출을 하고 있기 때문이다. 국민소득 결정식 (C+I+G+X=C+S+T+M, 여기서 C는 민간 소비, I는 투자, G는 정부 지출, X는 수출, S는 저축, T는 세금, M은 수입)에서 이 관계를 알 수 있다. 이 식을 다시 정리해보면 (S-I)+(T-G)=(X-M)이다. 미국 경제가 적자를 내는 것

세계 GDP에서 미국 비중 축소와 달러 가치 하락

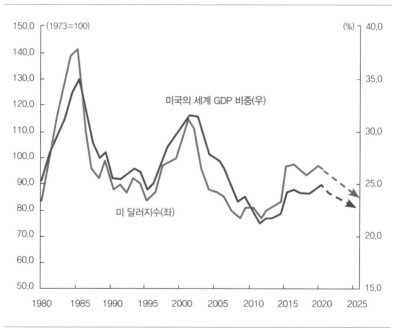

자료: IMF, Bloomberg

은 투자에 비해서 저축이 상대적으로 적거나 미국 정부 지출이 세수를 초과하기 때문이다. 미국의 경상수지 적자가 줄어들려면 미국 가계가 저축을 늘리거나(기업이 투자를 줄이거나), 정부가 재정수지 흑자를 내야 한다. 경제가 어려운 상황에 있기 때문에 정부가 긴축정책으로 전환할 가능성은 매우 낮다. 결국 달러 가치 하락을 통해 미국의 소비가 줄거나 투자가 감소하면서 미국의 대외 불균형이 축소될 것으로 내다보인다.

앞으로 5년,
달러 가치의 전망

♦

남은 문제는 달러 가치 하락 기간과 그 정도에 있다. 우선 IMF가 2025년까지 세계 경제에서 미국 비중 축소를 예상하고 있는 만큼, 그때까지 달러 가치의 하락 가능성은 높다. 하락 폭은 각국 중앙은행의 외화자산 배분에 영향을 받을 것이다.

IMF에 따르면 2000년에 세계 중앙은행이 보유하고 있는 외환은 1조 9359억 달러였는데, 2020년 3분기에는 12조 2545억 달러로 크게 늘었다. 이중 달러가 차지하는 비중은 같은 기간에 71.1%에서 60.5%로

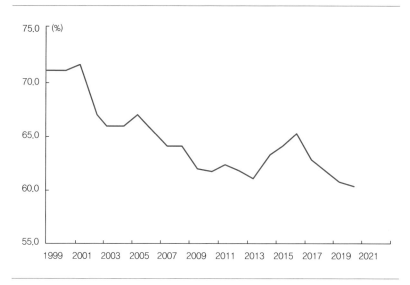

세계 중앙은행의 외환 보유액 중 달러 비중 감소

주: 2020년은 9월 기준
자료: IMF

줄었다. 유로 비중은 2000년 18.3%에서 2009년 27.7%까지 늘었으나, 유럽 일부 국가의 재정 위기 등으로 2016년에는 19.1%로 줄었다. 그러나 다시 증가세로 돌아서 2020년 3분기 유로 비중은 20.5%까지 증가했다.

관심을 가져야 할 나라는 중국이다. 2016년 6월 IMF는 특별인출권 SDR 바스켓에 중국 위안화를 편입했다. 그 이후 각국 중앙은행의 외화자산에 위안화 비중이 서서히 늘고 있다. 예를 들면 외환자산 가운데 위안 비중이 2016년 1.1%에서 2020년 상반기에는 2.1%로 높아졌다. 중국 GDP가 세계에서 차지하는 비중이 17%를 넘어서고 있는 만큼 위안 비중은 앞으로도 꾸준히 증가할 것이고, 상대적으로 달러 비중은 줄어들 가능성이 높다.

또한 세계 최대의 외환 보유국인 중국이 달러를 줄이고 그 대신 금을 얼마나 늘리는가도 달러 가치에 영향을 줄 것이다. 중국은 2020년 12월 말을 기준으로 3조 2164억 달러의 외환을 보유하고 있다. 또한 세계금협회에 따르면 중국은 금을 770억 달러 가지고 있다. 외환 보유액 중 2.5%를 차지한다. 2020년 말 유럽 주요국의 외환 가운데 금 비중은 60~70%이고 러시아도 19%에 달한다. 앞으로 중국은 금 보유를 더 늘릴 가능성이 높다. 보유량 기준으로 보면, 중국은 2020년 말 기준 1948톤의 금을 보유하고 있는데, 이는 2000년 395톤에 비해 4.9배 늘어난 수준이다. 그레이엄 앨리슨 교수의『예정된 전쟁』의 가상 시나리오처럼 중국이 상황에 따라 달러를 매각하고 금을 대량 매입할 가능성도 배제할 수 없다. 1, 2차 달러 하락기에 달러 가치는 각각 51%, 40%씩 하락했는데, 현재 진행되고 있는 3차 하락기에도 달러 가치는 비슷하게 하락할 전망이다.

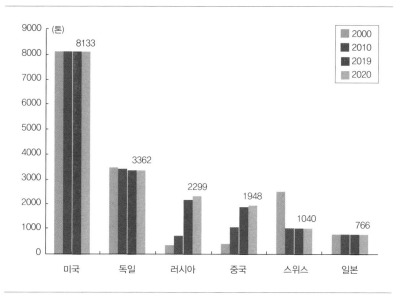

세계 주요 중앙은행의 금 보유량 추이

9000 (톤)

8133

8000

7000

6000

5000

4000

3362

3000

2299

2000

1948

1040

1000

766

0

미국　　독일　　러시아　　중국　　스위스　　일본

- 2000
- 2010
- 2019
- 2020

주: 숫자는 2020년 보유량
자료: 세계금협회

원화 가치
상승세 지속

◆

달러 가치가 떨어지면 원화 가치는 상대적으로 오를 것이다. 그렇다
면 원/달러 환율은 얼마까지 떨어질 것인가? 영국의 경제 주간지《이
코노미스트》는 매분기마다 '빅맥지수'를 작성해서 발표한다. 빅맥지
수는 맥도날드의 빅맥 가격이 어디서나 같아야 한다는 일물일가一物一

價의 원칙을 전제로 각국 통화 가치의 적정 수준을 살펴보는 데 활용한다. 《이코노미스트》에 따르면 2020년 1월 기준 미국에서 빅맥 가격은 5달러 66센트이고, 한국에서는 4500원이다. 이를 고려하면 원/달러 환율의 적정 수준은 795.1(=4500/5.66)인 셈이다. 빅맥지수가 추정하는 환율 수준까지 갈 가능성은 매우 낮지만, 원/달러 환율 결정요인을 보면 원화 가치는 지속적으로 상승할 전망이다.

원/달러 환율을 결정하는 가장 중요한 요인은 미 달러지수, 한미 본원통화 비율, 위안/달러 환율, 한국의 경상수지 등이다. 이들 경제 변수로 모형(벡터자기회귀모형)을 구성하고 분산분해를 한 결과, 6개월 후의 원/달러 환율 변동의 54.4%는 미 달러지수가, 한미 본원통화 비

원/달러 환율 결정요인 – 벡터자기회귀모형 분산분해 결과

시차(월)	미 달러지수	위안/달러	한미 본원통화 비율	경상수지	원/달러
1	42.3	3.3	1.0	0.2	53.2
6	54.4	3.4	3.3	1.1	37.8
12	55.9	3.7	4.1	1.2	35.2
24	50.5	5.6	9.8	1.7	32.5
36	50.5	5.6	9.8	1.7	32.5

주: 1) 벡터자기회귀모형(미 달러지수, 위안/달러, 한미 본원통화 비율, 경상수지, 원/달러)
2) 시차: 6, 분석기간: 2009.1~2020.11

율과 위안/달러 환율은 각각 3.3%, 3.4%씩 설명해주는 것으로 나타났다. 물론 원/달러 환율에도 추세가 있기 때문에 그 자체가 변동의 37.8%를 설명해주었다. 이들 환율 결정 요인을 하나씩 살펴보면 원/달러 환율의 미래를 4가지로 요약해 짐작해볼 수 있다.

첫째, 원화 환율이 달러로 표시되기 때문에 달러 가치가 하락하면 원화 가치는 상대적으로 오를 수밖에 없다. 우리는 앞에서 달러 가치가 앞으로 5년 정도 하락할 가능성이 높다고 보았다.

둘째, 중국 위안 가치 상승이 원화 가치 상승 요인으로 작용하고 있으며, 중장기적으로 이러한 현상은 지속될 가능성이 높다. 2001년 중국이 세계무역기구에 가입한 이후 2020년까지 미국의 대중 무역 적자는 5조 4000억 달러를 넘어섰다. 미국이 관세를 부과하면서까지 수입을 규제하고 있지만, 2020년에도 적자는 3108억 달러로 여전히 높은 수준을 유지하고 있다. 중국 경제도 중장기적으로는 수출보다는 소비를 포함한 내수 중심으로 성장할 것이기 때문에 위안 가치가 오를 가능성은 높다.

원/달러 환율은 위안/달러 환율과 연동해 움직이고 있다. 한국 수출 가운데 중국 비중이 26.4%(2020년 기준)로 절대적으로 높기 때문이다. 국제결제은행은 이러한 상황을 고려해 원화의 실질실효환율을 계산할 때 중국 비중을 33%로 미국(14%)보다 훨씬 높게 두고 있다.

셋째, 미 연방준비제도의 대규모 통화 공급 확대도 달러 가치 하락 요인으로 작용하고 있다. 코로나19로 경제가 급격하게 위축되자 연방준비제도는 연방기금금리를 0%로 인하하고, 2020년 3월에서 6월 사이에 자산을 거의 3조 달러 늘렸다. 그 이후에도 미 연방준비제도의 자산 매입이 지속되면서 본원통화도 급증하고 있는데, 2020년 12월에는 본원통화가 전년동월에 비해서 52.0%(5월 58.7%로 사상 최고치 기록)나 증가했다. 한국은행도 기준금리를 1.25%에서 0.50%까지 내리

한미 본원통화 비율과 원/달러 환율

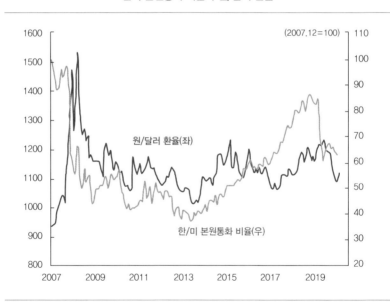

자료: 한국은행

그레이트 리셋

고 통화 공급을 늘리고 있다. 그러나 한국의 2020년 4~12월 본원통화 증가율은 평균 17.1%로 미국(50.9%)보다 훨씬 낮았다. 2007년 12월~2020년 12월 통계로 분석해보면 한미 본원통화의 상대적 비율이 원/달러 환율에 9개월 정도 시차를 두고 가장 크게 영향(시차 상관계수 0.57)을 미쳤다. 2020년 5월 이후 미국의 본원통화가 한국보다 상대적으로 높아진 만큼 원/달러 환율은 시차를 두고 떨어지고 있다.

마지막으로 한국의 경상수지 흑자도 원화 가치 상승의 요인이다. 2015년 GDP 대비 7.2%였던 경상수지 흑자가 2019년에는 3.6%(2020년 4.6% 추정)로 줄었다. 그러나 한국 경제에서 총저축률이 국내 총투자율을 넘어서고 있기 때문에 경상수지는 앞으로도 상당 기간 흑자를 기록할 것이다. 미 재무부는 매년 4월과 10월에 '주요 교역국의 거시 경제 및 환율정책 보고서'를 내는데, 여기서 환율조작국 지정 여부도 결정한다.

환율조작국 판단 기준 가운데 하나는 교역 상대국의 경상수지 흑자가 GDP의 2%를 초과하는가의 여부다. 한국의 경상수지 흑자는 2020년에도 GDP의 4%를 넘었고, 앞으로도 몇 년간 이러한 상황이 지속될 가능성이 높다. 이 역시 원화 가치의 상승 요인으로 평가된다.

환율은 거시 경제 전반에 영향을 미칠 뿐만 아니라 각 경제 주체의 자산 배분에도 영향을 준다. 우선 원화 가치가 상승하면 시차를 두고 제조업이 상대적으로 위축되는 반면 서비스업 생산은 증가한다. 2020년에는 코로나19 영향으로 인해 제조업 생산이 지난해보다 0.52% 늘었고 서비스업 생산은 같은 기간에 2.0% 감소했다. 2000년 통계 작성 이후 처음으로 줄어든 수치다. 코로나19를 치료할 수 있는 각종 백신 등이 개발되면서 코로나19가 어느 정도 진정되면, 2021년 이후에는 원화 가치 상승과 더불어 서비스업 경기 회복 속도가 제조업보다는 다소 빠를 수 있다.

환율과 주식시장은 밀접한 관계가 있다. 1998년 이후 통계로 분석해보면 원/달러 환율과 코스피 사이에는 상관계수가 −0.42로 나타났다. 즉 원/달러 환율이 하락(원화 가치가 상승)할 때 주가가 올랐다는 것이다. 그 이유는 외국인의 투자 행태에서 찾을 수 있다. 외국인은 한국 주식 매수 여부를 결정할 때 한국의 경제 성장이나 기업 가치를 보지만, 그 못지않게 환율도 중요하게 관찰한다. 원화 가치가 상승하면 환차익도 누릴 수 있기 때문이다. 원화 가치가 상승할 때 운수창고나 금융업 등 내수 관련 업종의 주가가 상대적으로 더 올랐다.

2020년에는 '동학개미운동'이라는 말이 나올 만큼 개인투자자들이 한국 주식시장을 떠받쳤다. 그러나 중장기적 측면에서 보면 원화 가치 상승과

함께 외국인 투자자들이 다시 한국 시장에 들어오면서 주가를 결정하는

가장 중요한 역할을 할 해로 기억될 가능성이 높다.

원/달러 환율과 주가

자료: 한국은행, KRX

한국, 구조적 저성장과
저금리 국면 진입

♦

앞서 미국에서 인플레이션이 발생하고 시장금리가 오를 것으로 보았

다. 한국 물가상승률과 금리도 미국과 같은 방향으로 움직여왔기 때문에 한국의 물가와 금리도 오를 가능성이 높다. 그러나 한국의 금리는 소폭 상승에 그칠 것이다. 또한 금리를 결정하는 다음의 3가지 요인을 고려해보면 장기적으로 저금리 추세는 지속될 전망이다.

첫째, 금리를 결정하는 가장 중요한 요인은 경제성장률과 물가상승률이다. 우리가 시장에서 관찰하는 금리는 명목금리인데, 이는 실질금리와 물가상승률의 합으로 표시된다. 실질금리는 사전적으로 추정하기 어렵기 때문에 보통 실질 경제성장률을 실질금리의 대용 변수로 사용한다.

그런데 한국의 실질 경제성장률은 지속적으로 하락하고 있다. 잠재성장률이 떨어지고 있다는 것이다. 잠재성장률은 수요 측면에서 인플레이션을 유발하지 않고 성장할 수 있는 능력이고, 생산 측면에서는 노동과 자본, 생산성을 고려했을 때 생산할 수 있는 능력을 뜻한다. 2020년 기준 잠재성장률은 2%대 초반으로 추정된다. 문제는 앞으로 더 떨어질 가능성이 높다는 데 있다. 이미 생산 가능 인구로 분류되는 15~64세 인구가 감소세로 접어들었고 2020년부터는 전체 인구 자체도 줄어들기 시작했다. 한국 기업들은 상당한 자본을 축적한 상태로 과거처럼 투자를 많이 하지 않을 것이기 때문에 잠재성장률이 올라가려면 총요소 생산성이 향상되어야 한다. 좁게는 노사화합, 넓게는 사회적 대타협을 통해 생산성을 높여야 한다. 그러나 이역시 하루아침에 일어나는 일은 아니다. 잠재성장률을 결정하는 이러한 요인을 고려하면 조만간 한국의 잠재성장률은 1%대로 접어들 가능성이 높다.

금리를 결정하는 또 다른 요인인 물가상승률도 매우 낮은 수준을 유지하고 있다. 경제의 총제적 물가 수준을 나타내는 GDP 디플레이터가 2019년 0.9% 하락하면서 한국 경제가 디플레이션에 빠지지 않을까 하는 우려도 있었다. 2020년 3분기에는 0.8% 상승했지만 여전히 낮은 수준이다. 소비자 물가상승률도 2019년과 2020년에 각각 0.4%, 0.5%씩 오르는 데 그쳤다. 한국은행은 물가 안정 측면에서 소비자 물가상승률을 2.0%로 설정했는데, 실제 물가상승률은 목표치를 훨씬 밑돌고 있는 것이다.

앞으로도 물가상승률은 여전히 목표치를 하회할 가능성이 높다. 우선 높은 가계 부채에 따른 소비 위축으로 수요가 공급 능력에 미치지 못할 것이다. 대외 측면에서는 달러 가치 하락에 따른 원화 가치 상승으로 수입 물가가 안정될 전망이다. 미국의 경우 달러 가치가 하락하면서 물가의 상승 가능성이 높다고 보았는데, 한국은 그와는 다른 환경이라는 의미다.

은행이 채권 사면서
금리 하락

♦

둘째, 돈이 남아돌면서 금리는 낮은 수준을 유지할 전망이다. 한 나라 경제에서 돈의 수요과 공급은 투자와 저축으로 결정된다. 1997년 외환위기 전 한국의 국내 투자율은 총저축률을 웃돌았다. 예를 들면 1990~97년 투자율은 연평균 38.9%로 저축률(37.8%)를 넘어섰다. 그만큼 돈이 부족했기 때문에 금리가 높은 수준을 유지할 수밖에 없었던 것이다. 그러나 1998년 이후 기업의 투자가 상대적으로 줄어들면서 상황이 역전됐다. 1998~2019년 저축률은 연평균 34.7%로 투자율(31.6%)을 훨씬 넘어섰다. 돈이 남아도는 경제로 바뀐 것이다.

한국은행의 자금순환에 따르면 2020년 9월말 금융업을 제외한 기업들이 가지고 있는 현금성 자산은 737조 원이다. 일부 은행 지점장들이 기업을 찾아 자기네 은행 돈 좀 써달라고 고개를 숙인다는 우스갯소리가 나올 정도다.

셋째, 은행이 채권을 사면서 금리가 더 하락할 가능성이 높다. 은행은 돈이 들어오면 대출이나 유가증권으로 운용한다. 대출은 가계와 기업 대출로 나뉘고 유가증권은 크게 주식과 채권으로 구성된다. 가계는 자금 잉여 주체다. 은행을 포함한 금융회사에 저축한 돈이 빌려 쓴 돈보다 많다는 의미다. 예를 들면 2020년 1~3분기에 우리 가계(비영리단체 포함)의 자금 잉여가 162조 원으로 사상 최고치를 기록했다. 반면 기업은 금융회사나 금융시장에서 돈을 빌려 투자하는 자금 부족 주체다. 그런데 그 규모가 상대적으로 줄어드는 추세를 보이고 있다.

구체적 수치로 설명해보면, GDP 대비 기업의 자금 부족 규모가 2009년 1분기에 9.1%(4분기 이동평균)였으나, 2020년 3분기에는 4.4%로 축소되었다. 가계의 자금 잉여가 늘고 기업의 자금 수요가 상대적으로 축소되면 은행은 남은 돈을 유가증권 운용에 사용할 수밖에 없다. 은행은 유가증권 중에서 리스크가 높은 주식보다는 채권을 사게 된다. 실제로 은행 자산 중 채권 비중이 2015년 1분기 12.0%에서 2020년 3분기에는 14.7%로 증가했다. 이러한 추세는 앞으로도 더 지속될 가능성이 높다. 내가 아는 한 금융그룹 회장은 '과거에는 은행의 경쟁력이 대출에 있었으나, 이제는 자기자본이나 고객의 금융자산 운용이 은행의 경쟁력을 결정할 것'이라고 말했다.

이러한 상황은 우리보다 일본에서 먼저 발생했다. 일본 기업들은 1998년부터 자금 잉여 주체로 전환했다. 기업들이 은행에 빌려 쓴 돈보다 더 많이 저축했다는 의미다. 그래서 일본 은행은 채권을 살 수밖에 없었다. 1990년 일본 은행 자산 가운데 채권 비중은 10%였으나, 2011년에는 34%까지 급등했다. 은행의 채권 매수가 금리를 0%로 떨어뜨리는 데 크게 기여했다.

넷째, 구축효과도 나타나지 않을 전망이다. 이는 정부가 재정적자를 보전하기 위해서 국채를 발행하면 시장금리가 상승하고 결국에는 소비와 투자 등 민간 부문이 위축된다는 것이다.

2020년 3분기 기준 일본 정부의 부채가 GDP의 231%일 정도로 부채가 많고 이를 국채 발행을 통해서 메꿨다. 그러나 일본은 여전히

한국의 기준금리와 시장금리 추이

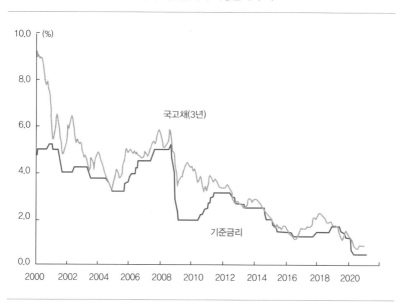

자료: 한국은행

그레이트 리셋

0% 금리를 유지하고 있다. 정부가 발행한 국채 대부분을 은행이 사주었기 때문이다. 한국 정부도 경기 부양과 소득 분배를 위해 재정 지출을 늘리고, 그 재원을 조달하기 위해 국채를 발행할 것이다. 그러나 일본의 경우처럼 기업의 자금 수요가 축소되면서 은행이 여유 자금으로 그 국채 대부분을 사줄 것이다. 이러한 측면을 고려하면 한국 경제에서도 구축효과가 나타나지 않을 가능성이 높다.

> ### 참고 금리가 올라야 주가도 오른다?
>
> 주가는 배당금이나 기업 수익이 증가하면 상승한다. 또한 금리가 떨어지면 주가는 오른다. 이론적으로 '주가=배당금/(1-금리-기업수익 증가율)'이기 때문이다.
>
> 그러나 이론과는 달리 그러나 1990년 일본 경제의 거품이 붕괴되는 과정에서 금리와 주가가 같은 방향으로 움직였다. 1990년 1월부터 2003년 12월까지 일본의 대표적 주가지수인 닛케이225와 국채 10년 수익률의 상관계수가 0.8로 매우 높게 나타났다. 금리가 떨어졌는데 주가도 같이 하락한 것이다. 이는 주가를 결정하는 요인 중 금리보다는 기업 수익률이 더 중요하다는 것을 보여준다. 금리가 하락할 때 기업 수익률이 그 이상 낮아지면 이론적으로도 주가는 떨어질 수 있다.

2016년 이후 한국의 증권시장에서도 일본보다 정도는 약하지만 유사한 현상이 나타나고 있다. 2016~20년 코스피와 국채 3년 수익률의 상관계수는 0.3으로 플러스다. 앞서 살펴본 것처럼 한국 경제가 구조적으로 저금리 경제로 접어든 만큼 금리보다는 경제성장률 혹은 기업이익 증가율이 주가 결정에 더 중요한 요소로 작용할 것이다. 일본에서 '금리가 올라야 주가가 오른다'는 말이 있었는데, 앞으로 한국 증권시장에서도 그럴 가능성이 높다.

일본의 금리와 주가

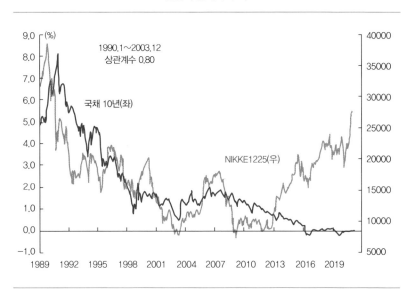

자료: Bloomberg

그레이트 리셋

장단기 금리 차이로 미래 경기 혹은 경제성장률을 예측할 수 있다. 일반적으로 장기금리가 단기금리보다 높다. 우리 정부가 발행하는 국채는 1년, 3년, 5년, 10년 만기가 있다. 이들 각 국채의 수익률을 이은 선을 수익률 곡선이라 한다. 정상적인 경우라면 국채의 만기가 길수록 수익률이 더 높다. 예를 들어 1년 만기와 3년 만기 수익률이 같다면, 투자자는 1년 국채를 산다. 3년 후보다는 1년 후가 불확실성이 더 낮기 때문이다. 이를 기간 프리미엄이라 한다.

앞으로 경기가 회복되거나 경제성장률이 높아질 것으로 기대되면 수익률 곡선의 기울기가 가팔라진다. 금리에는 기대 경제성장률과 물가상승률이 포함되어 있는데, 앞으로 경제성장률이 높아질 것으로 예상되면 장기금리가 단기금리보다 더 오른다. 장단기 금리 차이로 미래의 경기를 예상해볼 수 있는 이유다. 여기서 장기금리는 보통 10년 국채수익률을 사용한다. 단기금리로 국채 1년 수익률, 콜금리, 양도성예금(CD 91일물) 금리 등을 사용할 수 있다. 이중 국고채 10년 수익률과 CD 금리 차이가 미래의 경기나 경제성장률을 가장 잘 설명하는 것으로 나타났다.

경기를 예측하는 데 가장 중요한 지표 중 하나가 통계청에서 발표하는 선행지수 순환변동치다. 그런데 2002~20년 통계로 분석해보면 장단기 금리 차이가 선행지수에 2개월 선행(상관계수 0.47)하는 것으로 나타났다.

그 기간을 2008년 이후로 좁히면 장단기 금리 차이는 4개월 선행되었고 상관계수도 0.53으로 높아졌다.

선행지수는 통계청에서 매월 말 지난달의 통계 발표로 알 수 있다. 그러나 금리는 시장에서 우리가 매일 관찰할 수 있다. 장단기 금리 차이를 보면 미래의 경기를 앞서 볼 수 있다.

장단기 금리 차이와 선행지수 순환변동치

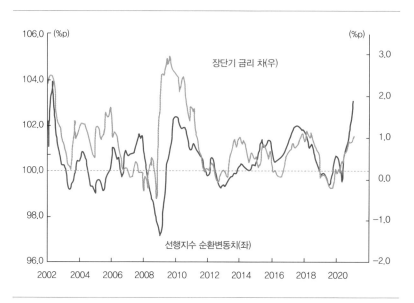

자료: 통계청, 한국은행

한편 장단기 금리 차이로 미래의 경제성장률도 예측해볼 수 있다. 2008년 이후 통계로 분석해보면 장단기 금리 차이가 경제성장률에 3분기 선행하는 것으로 나타났다. 상관계수도 0.70으로 매우 높았다. 다음 그래프에서 볼 수 있는 것처럼 2019년 3분기 저점에서 점차 확대되고 있으며 경제성장률도 뒤따라 높아지고 있다. 장단기 금리 차이의 3분기 선행성을 고려하면 2021년 3분기까지의 경제성장률을 예측할 수 있는 것이다.

장단기 금리 차이로 미래 경제성장률 예상

자료: 한국은행

이와는 달리 장단기 금리 차이가 축소되면 앞으로 경기가 나빠지거나 경제성장률이 둔화될 것이다. 특히 장단기 금리 차이가 역전(수익률 곡선의 역전)되면 경기 침체가 온다는 신호다. 앞으로 경제성장률이나 물가상승률이 떨어질 것으로 기대되면 장기금리가 더 낮아지기 때문이다.

장단기 금리 차이로 경기를 예측하는 방법은 우리 경제뿐만 아니라 다른 나라 경제에도 적용된다. 특히 미국에서는 장단기 금리 차이가 미래의 경제를 예상하는 데 매우 중요한 역할을 하고 있다. 과거에 수익률 곡선이 역전될 경우 시차를 두고 미국 경제가 침체에 빠졌다. 가장 최근의 사례로는 2019년 6~9월에 장단기 금리 차이가 역전되었고, 2020년 상반기에 미국 경기가 침체에 빠졌다. 물론 코로나19로 경기 침체 폭이 커지긴 했지만, 수익률 곡선의 선행성이 변함없이 나타났다.

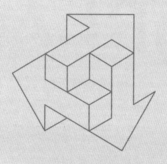

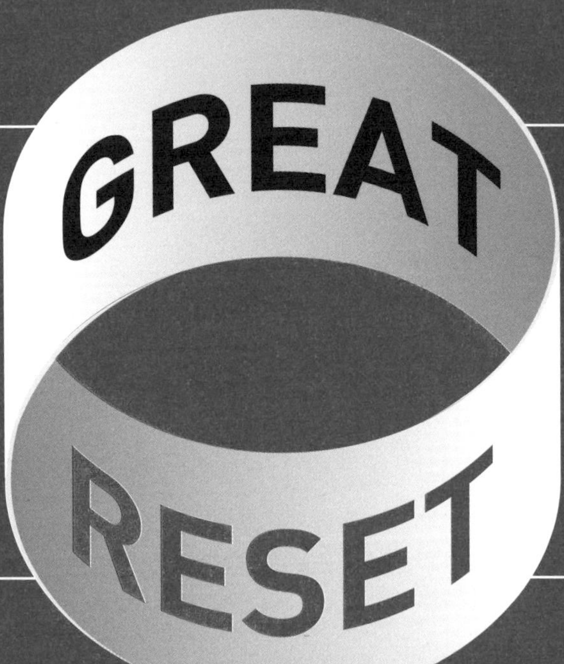
GREAT
RESET

6장

주가와
주택 가격 전망

풍부한 유동성과
주가 상승

♦

2020년 한국 금융시장에 나타난 가장 중요한 특징 중 하나는 주식시장으로 개인 자금이 대폭 유입되며 이에 따라 주가가 상승한 것이다. 유동성이 크게 늘어난 탓도 있지만, 그 근본 원인은 주식의 배당수익률이 은행 예금금리보다 높아진 데 있다. 이는 앞으로 개인의 금융자산 배분에도 중요한 영향을 줄 전망이다.

주식시장에 영향을 준 유동성부터 살펴보자.

첫째, 1997년, 2008년, 2020년 국내외 경제위기를 겪으면서 실물에 비해서 통화량이 많아졌다. 이를 나타내는 지표가 광의통화량(M2)을 명목 GDP로 나눈 마샬 케이다. 1997년 말에 0.91이었던 마샬 케이가 외환위기 이후 1999년에는 1.19로 크게 증가했다. 그만큼 실물에 비해서 돈이 많아진 것이다.

2008년 미국에서 시작한 금융위기가 한국으로 확산되었다. 이 위기를 극복하기 위해서 한국은행은 다시 통화 공급을 늘렸다. 이에 따라 2008년 말 1.11었던 마샬 케이가 2009년 1분기에는 1.26로 올라갔다.

경제위기 때마다 증가한 마샬 케이

자료: 한국은행

그레이트 리셋

2020년 코로나19로 경기가 급격하게 위축되면서 2020년 한국 경제성장률은 -1%로 1998년 이후 처음으로 경제 성장이 후퇴했다. 경기 회복을 위해 한국은행은 기준금리를 인하하고 통화 공급을 늘렸다. 2019년 1분기에 1.45였던 마샬 케이가 2020년 2분기에는 1.61로 또 한 단계 올라갔다. 실물경제에 비해 증가한 통화량이 금리 하락을 초래했으며, 이는 다시 주가 상승 요인으로 작용했다.

둘째, 늘어난 돈이 단기화하고 있다. 이는 협의통화(M1)와 광의통화(M2) 비율로 측정해볼 수 있다. M1은 현금통화와 요구불예금 및 수시입출금식 저축성예금으로 구성되어 있다. 기대 수익률에 따라 수시로 다른 곳으로 이동할 수 있는 자금이다. M2는 M1보다 유동성이 떨어지는 통화지표다. M2는 정기예적금과 양도성예금 등 시장성 상품을 포함하는 통화지표이기 때문이다. 여기서 유동성은 현금화할 수 있는 능력을 의미한다. 요구불예금은 이자는 낮지만 언제든지 찾을 수 있는 돈이다. 그러나 정기예금은 만기 이전에 찾으면 약정한 이자를 받지 못한다. 이러한 의미에서 요구불예금이 정기예금보다 유동성이 높다고 하는 것이다.

코로나19로 경기가 급격하게 위축되자 한국은행은 2020년 3월에 기준금리를 0.50%p, 5월에 0.25%p 인하했다. 이와 더불어 통화 공급을 크게 늘렸다. 2020년 4~12월 M1 증가율이 23.7%에 이를 정도였지만 M2 증가율은 9.6%에 그쳤다. 이 기간 M1이 M2에서 차지하는 비율은 33.3%에서 36.3%로 증가했다. 과거 통계를 보면 이 비율이 증가할 때 주가도 같이 상승했다.

셋째, 좀 더 좁은 의미에서 단기부동자금의 급증이다. 단기부동자금이란 일반적으로 유동성이 매우 높은 자금으로 기대 수익률이 높은 곳으로 언제든지 이동할 수 있는 돈이다. 여기에는 현금통화, 요구불예금, 수시입출금식 저축성예금, MMF, 양도성예금증서, CMA, 환매조건부 채권매도, 증권투자자 예탁금 등이 포함된다. 2020년 12월 현재 단기부동자금은 1389조 원이다. 1년 전보다 304조 원이 증가했고, 증가율은 28%였다.

단기부동자금의 구성을 보면 수시입출금식 저축성예금이 51.5%를 차지하고 있고, 그다음 요구불예금(24.9%), 현금(9.8%) 순으로 비중이 높다. 2000년 이후 통계로 분석해보면 단기부동자금이 1% 증가할 때 코스피가 0.9% 상승하는 것으로 나타났다. 이와 같은 경우 주택 가격도 0.5% 상승한 것으로 분석됐다.

이처럼 실물경제 성장보다 더 많이 풀린 유동성 일부가 주식시장으로 들어오면서 주가 상승을 초래했다. 모건스탠리 캐피털 인터내셔널에서 작성하는 세계 주가지수는 2020년 14% 상승했는데, 우리나라의 경우 코스피는 31% 올랐고 개인투자자가 주로 참여하는 코

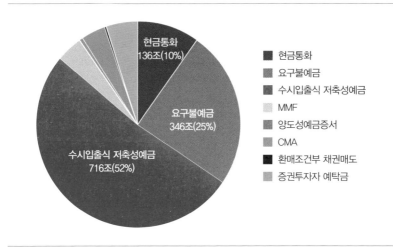

단기부동자금 규모와 구성 요소

- 현금통화
- 요구불예금
- 수시입출식 저축성예금
- MMF
- 양도성예금증서
- CMA
- 환매조건부 채권매도
- 증권투자자 예탁금

현금통화
136조(10%)

요구불예금
346조(25%)

수시입출식 저축성예금
716조(52%)

자료: 한국은행

스닥은 45%나 급등하면서 세계 주요 주가지수 중 가장 높은 상승률을 기록했다.

특히 동학개미운동이라는 별명이 붙은 것처럼 개인투자자들이 주식을 집중적으로 매수하면서 주가 상승에 크게 기여했다. 주식을 사기 위해 증권회사에 맡겨둔 고객 예탁금이 2019년 말 28조 5195억 원에서 2020년 말 65조 5227억 원으로 무려 37조 원 늘었다. 또한 개인투자자들은 2020년 한 해 동안 코스피 시장에서만 주식 51조 원 정도를 순매수하면서 외국인(26조 원 순매도), 국내기관투자자(28조 원

순매도)의 매도 물량을 다 받아주었다.

유동성 증가에 따른 저금리도 주식시장으로의 자금 유입을 더 촉진했다. '72법칙'이라는 게 있다. 은행에 복리로 예금했을 때 원금이 2배가 되는 기간을 계산하는 방법인데, 72를 연 금리로 나누면 그 기간이 나온다. 예를 들어 금리가 8%였을 때 은행에 복리로 저축했다면 9년 후에 원금의 2배가 된다. 그러나 최근처럼 금리가 1%이면 원금이 2배가 되는 기간이 72년이나 걸리는 셈이다. 개인이 은행에 돈을 맡길 유인이 많이 줄어든 것이다.

지금까지 살펴본 것처럼 실물경제에 비해서 유동성이 많아졌고(마샬 케이가 높아졌고), 늘어난 유동성이 단기화했고, 이들 일부가 주식시장으로 유입돼 주가 상승을 초래했다. 그러나 주가가 지속적으로 오르기 위해서는 더 많은 유동성이 주식시장으로 들어와야 할 것이다. 주식시장으로 유입된 자금이 절대적으로는 높아졌으나, 상대적으로는 여전히 낮기 때문이다.

주식을 사기 위해 대기하고 있는 돈이 고객 예탁금과 주식형 펀드라 할 수 있다. 그런데 앞서 본 것처럼 고객 예탁금은 크게 증가했는데, 주식형 펀드는 2019년 말 85조 원에서 2020년 말 78조 원으로 오히려 줄었다. 고객 예탁금과 주식형 펀드를 합친 금액이 코스피 시가

주식 매수 대기 자금과 주가

자료: 한국거래소, 금융투자협회

총액에서 차지하는 비중은 2020년 말 7.2%였다. 펀드 열풍이 불었다
사그라들었던 2008년 11월의 26.9%보다 훨씬 낮은 수준이다. 같은
기간 단기부동자금에서 차지하는 비중도 27.5%에 10.3% 정도로 떨
어졌다. 이 수치가 의미하는 것은 늘어난 시가총액이나 유동성에 비
해서는 주식시장으로 들어온 돈이 많지 않았다는 뜻이다.

주가 상승 요인,
배당성향의 증가

◆

금리가 낮아진 반면 주식의 배당수익률은 높아지면서 주식시장으로
자금 이동을 촉진하고 있다. 이론적으로 '주가＝배당금/(1−금리−기
업수익 증가율)'이다. 이 식에서 볼 수 있는 것처럼 금리가 하락하면
주가는 오른다. 배당금이 증가하는 것 역시 주가 상승으로 이어진다.
그동안 한국 주가가 다른 나라에 비해 상대적으로 저평가된 이유 가
운데 하나는 낮은 배당성향이었다.

배당성향은 기업이 순이익 중에서 주주에게 배당금을 얼마나 주는
가의 비율인데, 우리나라의 2008~18년 배당성향은 연 평균 17%에
그쳤다. 그러나 2019년에는 33%로 크게 증가했고, 2020년에도 비슷
한 수준이었던 것으로 추정된다. 참고로 주요국의 배당성향을 보면
영국이 56%로 높고, 독일 49%, 일본 43%, 미국 38%(이상 2020년 8월
기준)로 우리보다 훨씬 높은 수준이다.

우리나라 배당성향이 올라간 이유 중 하나는 정부의 정책에서도
찾을 수 있다. 국민총소득에서 개인이 차지하는 비중은 1997년 외환
위기 이전 71% 정도였으나, 2008년 이후에는 61%로 낮아졌다. 반면
에 기업 비중은 17%에서 27%로 높아졌다. 가계는 상대적으로 가난

해지고 기업은 부자가 된 셈이다. 우리 정부는 기업 소득 일부를 가계 소득으로 이전하기 위해 기업에 임금 상승과 고용 증대뿐만 아니라 배당금 확대를 요구하고 있다.

기업의 CEO들은 임금 인상을 주저하고 있다. 미국 기업은 이익이 올라가면 임금을 올리고 이익이 줄어들면 임금을 내린다. 근로자들이 자연스럽게 받아들일 만큼 임금의 탄력성이 매우 높다. 그러나 한국의 경우는 그렇지 못하다. CEO 입장에서는 임금을 내릴 수 없기 때문에 미리 많이 올릴 수 없다는 것이다. 게다가 우리나라 기업은 2020년 9월 기준 737조 원의 현금성 자산을 보유하고 있다. 투자와 고용을 크게 늘리지 않는 만큼, 기업은 배당금을 올릴 수밖에 없는 상황이다.

또한 2018년부터는 주식 배당수익률이 은행 예금금리보다 더 높아졌다. 2019년 코스피 배당수익률이 2.02%로 은행의 저축성예금금리 1.75%보다 높았고, 2020년에는 예금금리가 1% 이하로 떨어진 만큼 그 격차는 더 벌어지고 있다. 은행에 돈을 맡기기보다는 주식을 사서 배당금을 받는 것이 더 나은 시대라는 의미다.

가계 금융자산 중
주식 비중의 확대

♦

풍부한 유동성과 더불어 저금리도 가계의 자산 배분에 영향을 주고
있다. 한국은행과 통계청이 매년 작성해서 발표하는 '가계금융복지
조사'에 따르면 2020년 대한민국 1가구당 평균 자산은 4억 4543만
원이다. 이중 부동산을 포함한 실물자산이 차지하는 비중은 76.4%로
절대적으로 높다. 금융자산은 23.6%이고, 이중에서도 전월세보증금

한국 개인의 금융자산 배분

(단위: 조 원, %)

	2015	2016	2017	2018	2019	2020.3Q
총금융자산	3182	3390	3668	3733	3981	4325
현금 및 예금	1363	1482	1582	1656	1783	1932
비중	42.8	43.7	43.1	44.4	44.8	44.7
보험 및 연금	988	1079	1165	1229	1308	1352
비중	31.1	31.8	31.8	32.9	32.8	31.3
채권	181	171	155	156	144	159
비중	5.7	5.1	4.2	4.2	3.6	3.7
주식 및 투자펀드	635	642	749	672	722	853
비중	20.0	18.9	20.4	18.0	18.1	19.7

자료: 한국은행

그레이트 리셋

을 제외하면 실제 금융자산이 차지하는 비중은 17.1%로 낮은 수준에 머물러 있다.

한편 한국은행 자금순환계정을 보면 가계의 금융자산 배분에 대한 통계를 알 수 있다. 2020년 9월 기준으로 보면 우리 개인은 4325조 원의 금융자산을 가지고 있다. 이 가운데 44.7%를 현금 및 예금 형태로 보유하고 31.3%는 보험 및 연금에 맡기고, 주식(투자 펀드 포함)에 19.7%, 채권에 3.7%를 배분하고 있다.

개인의 자산 배분에는 국가별로 큰 차이가 있다. 일본은 은행 예금금리가 거의 0%인데도 개인이 2020년 9월 현금 및 예금 형태로 54.4%를 보유하고 주식은 13.3%를 가지고 있다. 일본 개인이 0% 금리에도 은행에 돈을 맡기는 이유는 2가지 측면에서 찾을 수 있다.

우선은 디플레이션이다. 은행 예금으로 0% 금리를 받지만, 물가상 승률이 마이너스이기 때문에 실질 금리는 플러스다. 물가가 하락한 만큼 실질 금융자산 가치는 오르게 된다. 다음으로 인구 고령화다. 일본 사람들의 평균 상속 연령은 67세라 한다. 쉽게 말해서 67세 노인은 상속 받은 돈으로 리스크가 있는 주식이나 채권에 돈을 맡기지 않고, 은행에 맡긴 후 쓰다가 남은 돈을 또 67세 된 자녀에게 넘긴다는 의미다.

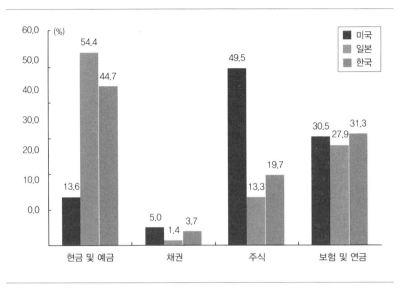

한미일 개인의 금융자산 배분 비교

주: 2020년 3분기 기준
자료: 각국 중앙은행

이와는 달리 미국 개인의 현금 및 예금 비중은 13.6%로 낮은 반면, 주식 비중은 49.5%로 매우 높다.

한국 개인의 경우는 미국과 일본의 중간이라고 볼 수 있지만 최근 추세를 보면 미국보다는 일본 쪽에 가깝다. 2010년 이후 한국의 개인 금융자산 가운데 현금 및 예금 비중이 45% 안팎에서 큰 변동을 보이지 않고 있다. 그러나 주식 비중은 2010년 24.6%에서 2019년에는 18.1%로 낮아진 수치를 보인다.

2020년 3분기에는 개인의 주식 참여 증가와 주가 상승으로 주식 비중이 19.7%로 올라갔다. 2020년부터 상승 추세로 전환한 것인지는 조금 더 지켜보아야 확실해질 것이다. 다만 앞서 살펴본 것처럼 한국 경제가 구조적으로 저성장과 저금리 상황에 접어들었고 주식 배당수익률이 은행 이자보다 높아진 만큼 개인 금융자산에서 주식 비중은 지속적으로 높아질 가능성이 크다.

매년 코스피 4~5% 상승 예상

♦

풍부한 유동성과 저금리를 고려하면 앞으로도 주가는 지속해서 오를 가능성이 크다. 실제로 2021년을 시작하면서 코스피가 사상 처음으로 3000선을 넘어섰다. 그러나 주가가 단기적으로 주요 경제 지표를 과대평가하고 있다. 그중 하나가 시가총액을 명목 GDP로 나눈 버핏지수다. 2020년 말 코스피 시가총액은 1981조 원으로 GDP(1913조 원 추정)를 사상 처음으로 넘어섰다. 버핏지수가 100%를 넘어서면 주가가 과대평가 되었다고 하는데, 2020년 103%로 2000~19년의 평균 버핏지수 66%를 크게 벗어났다.

장기적으로 주가는 명목 GDP 이상으로 오른다. 명목 GDP 성장률은 실질 GDP 성장률과 물가(GDP 디플레이터) 상승률의 합이다. 주식투자자 입장에서는 주가수익률이 명목 GDP 성장률 이상으로 높아야 투자를 하게 된다. 실제로 1981~2019년 통계를 보면 명목 GDP 성장률은 분기 평균 10.6%였고, 코스피 상승률은 12.9%였다. 주가 상승률과 명목 GDP 성장률 차이인 2.3%p가 주식투자에 따른 위험 프리미엄이라 할 수 있다. 2000년 이후에는 명목 GDP 성장률과 코스피 상승률이 각각 6.1%와 7.6%로 낮아졌지만, 여전히 주가는 GDP 성장 이상으로 올랐다는 것을 알 수 있다.

앞에서 우리나라의 잠재성장률이 2% 안팎으로 떨어지고 있다는 것을 보여주었다. 물가상승률 1%를 고려하더라도 명목 GDP 성장률은 앞으로 4~5년 동안 3% 정도일 것이다. 그렇다면 코스피의 연평균 상승률은 4~5%일 가능성이 높다. 매년 코스피가 4.5% 상승한다면, 2028년에 4000선을 넘고 2033년에서는 5000에 접어든다. 주식투자에서의 4~5% 수익률이 경제성장률에 비해서 결코 낮지 않다는 것을 보여주기 위한 통계다. 게다가 1%를 밑돌고 있는 은행 금리를 고려하면 주식 기대 수익률 4~5%는 결코 낮은 수준이 아니다.

명목 GDP로 적정 주가를 추정해보면 다음 그래프와 같다. 2014~

그레이트 리셋

명목 GDP로 추정해본 적정 코스피

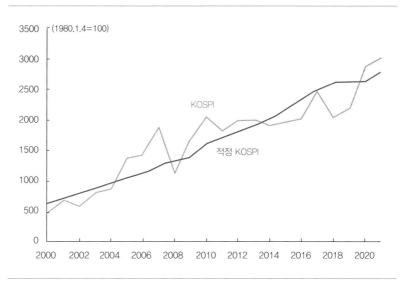

주: 2021년은 명목 GDP 성장률 4.2%를 전제로 추정
자료: 한국은행, KRX

19년에는 코스피가 적정 수준보다 낮아 경제력을 과소평가했다. 그러나 2020년 코스피가 31% 상승하면서 단숨에 과대평가 국면으로 접어들었다. 이를 고려하면 앞으로 주가 상승세는 둔화할 가능성이 높다.

일평균 수출금액으로
평가 가능한 코스피

♦

2020년 우리 경제는 1998년 외환위기 이후 처음으로 마이너스 성장(-1%)했으나, 코스피는 31% 상승했다. 2021년에 들어서 코스피가 3000을 넘어서면서 주가와 실물경제의 괴리는 더 확대되고 있다. 이를 주가와 일평균 수출금액을 연결해 확인해볼 수 있다.

주요 경제지표 가운데 주가와 상관계수가 가장 높은 변수는 일평균 수출금액이다. 2005~20년 월별 통계를 대상으로 분석해보면, 이두 변수 사이에 상관계수는 0.86으로 매우 높다. 주가와 일평균 수출금액이 거의 같은 방향으로 변동해왔다는 의미다. 인과관계 분석에 따르면 주가가 일방적으로 수출을 설명해주고 있다.

2020년 4월 이후 주가가 오르고 일평균 수출금액도 증가하고 있다. 코로나19가 전 세계로 확산하면서 2020년 2분기에는 글로벌 경제가 1930년대 대공황 이후 최악의 침체에 빠졌다. 이에 따라 일평균 수출금액이 4월에는 16억 5100만 달러로 전년동월에 비해 18.8%나 줄었다. 그러나 그 이후 점차 회복세로 돌아섰고, 특히 12월에는 21억 4200만 달러로 7.7% 늘었다.

2021년 수출은 10% 이상 증가할 것으로 내다보인다. IMF는 2020

년 −3.5%로 추정되는 세계 경제성장률이 2021년에는 5.5%까지 회복할 것으로 예상(2021년 1월 전망 기준)하고 있다. 특히 우리나라 수출의 26%를 차지하고 있는 중국 경제가 2021년에 8.1% 성장할 것으로 내다보고 있다. 최근 주가가 상승한 것처럼 수출도 증가할 가능성이 높다.

그러나 일평균 수출에 비해서 주가가 너무 앞서가고 있다. 그 정도를 평가하기 위해서 주가를 일평균 수출금액으로 회귀분석해보았다. 이에 따르면 2021년 1월 기준으로 주가가 수출을 37% 과대평가한

일평균 수출금액과 코스피 추이

주: 2021년 2~12월 일평균 수출금액은 전망치
자료: 한국거래소, 산업통상자원부

것으로 나타났다. 분석 대상 기간(2005.1~2021.1)으로 따지면 2007년 6월 그 정도가 31%였는데, 현재 그 수준을 넘어서 최고치를 기록했다. 물론 풍부한 유동성 때문에 주가가 상승했을 가능성도 있다. 그래서 광의통화(M2)를 포함해서 분석했는데도 역시 주가는 25% 정도 과대평가된 것으로 나타났다.

개인의 주식시장 참여가 늘면서 과거와는 달리 구조적으로 주가가 실물을 앞서갈 수도 있다. 최근 한국은행에서 발표한 '2020년 3/4분기 자금순환'에 따르면 2020년 3분기 우리 가계(비영리단체 포함)의 금융자산 중 주식 비중은 19.7%로, 2019년 말 18.1%보다 올랐다. 이 비중은 2010년 24.6%를 기록한 후 지속해서 하락 추세를 보였는데, 2020년에 증가세로 반전한 것이다. 이는 1% 이하로 떨어진 은행예금 금리보다 코스피 배당수익률(2% 이상)이 더 높아진 데 기인한 것으로 보인다. 앞으로도 개인의 금융자산 가운데 주식 비중이 더 늘면서 주가는 고공행진할 가능성이 있다.

그럼에도 주가와 실물의 괴리가 확대된 것은 통계적 사실이다. 이러한 현상은 미국에서도 비슷하게 나타난다. 주식시장에 대한 기대가 바뀌거나 주가 상승을 이끌었던 일부 요인이 변화하면 주가가 급격하게 조정을 보일 수 있다. 그중 하나가 미국 인플레이션과 시장금리의 상승이다.

다시 생각해보는
저금리의 의미

♦

저금리의 의미도 다시 생각해볼 필요가 있다. 가계 부채 증가가 GDP의 100%를 넘을 정도로 급증하고 있다. 특히 개인가처분소득 기준으로 보면 가계 부채 비중이 200%에 근접하고 있다. 이처럼 가계 부채가 늘어난 이유는 다양하다.

일부 가계가 소득 이상의 소비 생활을 하고 있다. 또한 기업 소득에 비해 개인 소득이 상대적으로 줄어든 것도 가계 부채 증가의 원인이다. 국민총소득에서 차지하는 개인 몫이 1997년 외환위기와 2008년 글로벌 금융위기를 겪으면서 71%에서 61%로 줄었다. 같은 기간 기업 비중은 17%에서 27%로 늘었다. 이 차이를 가계가 부채로 메꾼 것이다. 스마트폰 등 필수 지출 항목이 늘어난 것도 부채 증가의 원인이다.

은행의 대출 형태 변화도 빼놓을 수 없다. 1997년 외환위기 이후 구조조정으로 기업의 자금 수요가 크게 줄었다. 은행은 가계 대출을 늘릴 수밖에 없었다. 1996년에 은행의 대출 비중은 기업이 71%, 가계가 29%를 차지했다. 2020년 가계 대출 비중이 50.3%로 기업 대출 비중 49.7%를 약간 넘어섰다.

앞서 짚었던 것처럼 학습 효과도 부채 증가의 가장 중요한 원인 중 하나다. 은행에서 돈을 빌려 주택을 구입했는데, 주택 가격이 지속적으로 상승했다. 그러한 학습 효과가 최근에는 주식시장으로까지 퍼져가고 있는 것이다. 그러나 가계 부채 증가의 가장 근본적 원인은 저금리에 있다. 금리가 낮기 때문에 돈을 빌려 소비하고 자산을 구입해도 언제든지 갚을 수 있다는 생각이 있는 것이다.

하지만 현재의 저금리에는 미래의 저성장과 저물가가 내재되어 있다. 현재 2%대 초반에 머물고 있는 한국의 잠재성장률이 머지 많아 1%대에 진입할 가능성이 높다. 경제성장률이 떨어지면 개인 소득은 줄고 부채 상환 능력은 그만큼 낮아진다. 부채는 차입자의 사정을 봐주지 않는다. 저성장에 따른 가계 소득 증가세 둔화로 원리금 상환 능력이 떨어질 가능성이 높다.

2009년부터 장기 상승한
주택 가격

◆

앞서 설명한 가계금융복지조사에 따르면 2020년 우리나라 가구는 평균 4억 4543만원 자산을 보유하고 있으며, 이중 금융자산은 1억 504만 원으로 23.6%, 부동산을 포함한 실물자산은 3억 4039만 원으로 76.4%를 차지하고 있다. 실물자산 가운데 거주 주택 비중이 71.8%(1억 8945만 원)다. 연령별로 보면 주택 비중은 30대 60.4%, 40대 68.6%, 50대 70.1%, 60대 이상 78.1%로, 나이가 들수록 비중이 높다. 그러나 중장기적으로 보면 부동산은 갈수록 유동성이 낮아질 것이기 때문에 비중을 줄이는 게 좋다고 본다.

가계 자산 중 주택 비중이 높은 만큼 주택 시가총액은 명목 GDP나 주식시장 시가총액보다 훨씬 높다. 2020년 주택시장의 시가총액은 5480조 원 정도로 추정된다. (2019년 5058조 원에서 2020년 전국 주택 가격

주택과 주식의 시가총액 추이

자료: 한국은행, 한국거래소

상승률 8.4%를 고려했다.) 이는 명목 GDP(1913조 원)와 코스피 시가총액 (1981조 원)의 거의 3배다. 주택 가격 동향이 가계의 부를 결정하는 데 매우 중요한 영향을 미치는 이유다.

그러나 상대적 기준에서 보면 코스피 시가총액이 주택보다 훨씬 빠르게 성장했다. 1995년의 코스피 시가총액을 100이라 했을 때 현재는 1403으로 25년 동안 14배 성장했다. 그러나 같은 기간 주택의 시가 총액은 7배로 주식의 절반 수준이다.

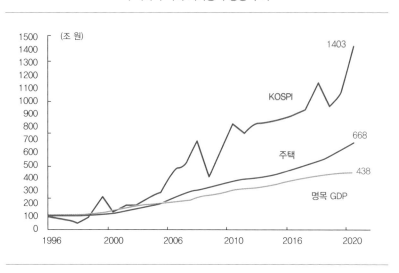

주택과 주식의 시가총액 성장 추이

자료: 한국은행, 한국거래소

그레이트 리셋

주요 도시 아파트 가격 상승률 비교

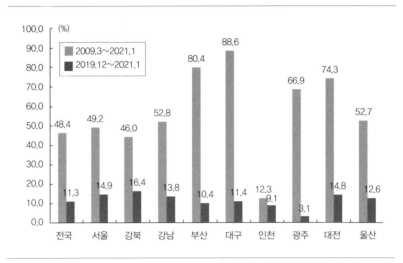

자료: KB국민은행

거주 주택 중 아파트 비중이 절반을 넘기 때문에 아파트 가격이 중요하다. 최근 아파트 가격 동향을 보면 2009년 3월 이후 지속적인 상승세를 보인다. KB국민은행 통계에 따르면 2021년 1월까지 전국 평균 아파트 가격은 46.4% 상승했다. 상승률 기준으로 보면 서울 (49.2%)보다는 대구(88.6%), 부산(80.4%), 대전(74.3%), 광주(68.9%) 등의 순서로 지방 대도시 아파트가 더 많이 올랐다. 최근 2년 동안(2019년 12월~2021년 1월)은 서울 지역 아파트가 14.9% 올라 전국 평균(11.3%) 과 지방 대도시보다 상승률이 높았다.

아파트 가격은 장기적으로 상승 추세를 이어가고 있다. KB국민은행은 1986년 이후로 아파트 가격 동향을 발표하고 있는데, 명목 가격 기준으로 보면 2021년 1월까지 5.3배 상승했다. 그러나 소비자물가를 고려한 실질 가격은 1.6배 오른 셈이다. 서울은 같은 기간에 명목 가격 대비 가격이 6.9배, 실질 가격이 2배로 전국 평균보다는 더 높았다. 이 기간에 명목 GDP가 21.7배나 증가한 것을 고려하면 아파트 가격이 과다하게 올랐다고 보기는 힘들다.

그러나 아파트 가격을 평가하는 몇몇 기준을 보면 서울 강남 중심

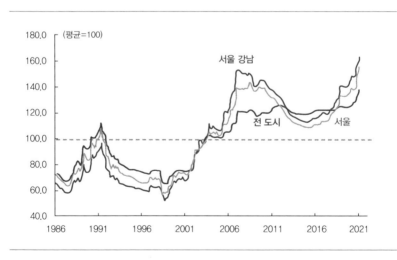

아파트 PRR 추이

주: 아파트 가격지수를 월세지수로 나눈 지표
자료: 통계청, KB국민은행

으로 아파트 가격이 상대적 고평가 영역에 들어서고 있음을 알 수 있다. 그중 하나가 아파트 가격을 월세지수로 나눈 지표 PRR(Price to Rent Ratio)이다. 1986년 이후 장기 평균을 100이라 했을 때, 2021년 1월 기준 전 도시 아파트는 138로 평균보다 38% 높다. 특히 서울은 과거 평균보다 55%, 강남 아파트는 63%보다 높아 타 지역과의 차이가 심화되었다는 것을 알 수 있다.

다음으로 주택 가격을 가구 소득으로 나눈 PIR(Price to Income Ratio)이다. 2020년 전국은 5.5로 과거 평균(2008 이후 5.3) 수준을 유지

주택 PIR 추이

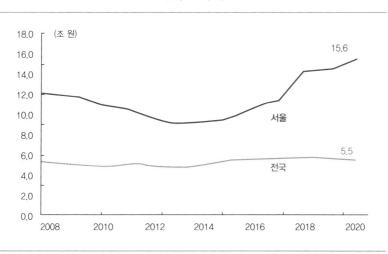

주: 2020년은 9월 기준
자료: 통계청, KB국민은행

하고 있다. 그러나 서울은 15.6으로 사상 최고치를 기록했을 뿐만 아니라 과거 평균(11.5)보다 36%나 높다. 평균 소득을 가진 가구가 서울에 있는 중간 크기의 집을 사기 위해서는 거의 16년 동안 돈을 쓰지 않고 저축해야 한다는 의미다.

아파트 가격을 결정하는 요인을 보면 아파트 가격 자체 순환이 가장 중요하고, 그다음으로 현재의 경기를 나타내는 동행지수 순환변동치, 주택담보 대출금리 및 대출금, 주가 등이다.

아파트 가격 그 자체에는 수요와 공급까지 포함하고 있다. 그래서 아파트 가격 순환을 일종의 통계 기법(호드릭-프레스콧 필터)을 활용해

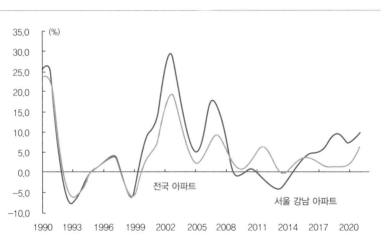

아파트 가격 순환

자료: KB국민은행

구해보았다. 그 결과는 '아파트 가격 순환' 그래프를 보면 확인할 수
있다.

집은 투자재가 아니라
소비재

♦

아파트 가격에 대한 나의 전망은 이렇다. 2020년에 아파트 가격 상
승률이 정점이었고, 2021년에는 상승률이 둔화되다가 그다음 4년
정도는 하락 조정 국면에 접어들 거라 예측한다. 내가 가지고 있는
모델에 기초한 전망이다. 그 외에 아파트 가격을 결정하는 중요한
요소 중 하나인 금리가 현 수준에서 크게 낮아지지 않을 것이고, 우
리 경제가 구조적으로 저성장 국면에 들어섰기 때문에 가구 소득 증
가세도 둔화할 것으로 예상한다.

   장기적 측면에서 보면 인구 고령화가 주택 가격 상승을 둔화시키
는 가장 중요한 요인일 것이다. 전체 인구 중에서 65세 이상 인구가
차지하는 비중이 7%면 고령화사회, 14%이면 고령사회에 접어들었다
고 한다. 우리나라는 고령화사회에서 고령사회로 접어드는 데 13년
(2000~13년)이 걸렸다. 프랑스가 128년, 미국이 71년이었다. 일본이

가장 빨리 고령사회로 접어들었는데, 그 기간도 24년으로 우리보다 9년 더 걸렸다.

한국 인구가 갈수록 더 빨리 늙어가고 있다는 데 문제가 있다. 통계청의 인구 추계에 의하면 2021년부터는 65세 이상 인구가 20% 이상인 초고령사회에 접어든다. 그리고 2030년에는 65세 이상 인구가 31%, 2050년에는 55%에 이를 전망이다. 이러한 인구 구조를 고려하면 집값이 앞으로도 지속적으로 상승할 가능성은 낮다. 물론 '부동산은 첫째도, 둘째도, 셋째도 위치다'라는 말이 상징하는 것처럼 특정 지역은 오를 수 있다.

일본의 경우 35~55세 인구가 정점에 이르렀던 1990년 전후가 집값의 분기점이었다. 대학 졸업 후 직장을 잡은 이 나이대 인구가 결혼해서 아이를 낳고 집을 늘려가는 시기였다. 1970년대 이후 집값이 지속적으로 상승하다가 특히 1985~89년에는 급등했다. 그 이후 거품이 붕괴되면서 15년 정도 하락세를 이어갔다. 1990년을 전후로 집에 대한 인식도 변했다. 집값이 큰 폭으로 상승했던 1980년대 후반 일본 사람들은 집을 투자재로 여겼다. 집을 사면 집값이 계속 올랐기 때문이다. 그러나 거품이 붕괴된 이후에는 집에 대한 사고가 소비재로 바뀌었다. 집은 그냥 거주하는 곳이라는 의미다.

한국의 경우 35~54세 인구 비중이 2011년 34.1%로 정점을 지났다. 그럼에도 그 이후 집값이 계속 상승한 것은 평균 수명의 연장과 더불어 2008년 글로벌 금융위기 이후 초저금리와 풍부한 유동성에 기인한 것으로 보인다.

그러나 이 책에서 살펴본 것처럼 부채로 성장한 세계 경제는 1~2년 이내에 그 한계가 드러날 것이다. 여기에다가 주식시장에 낀 거품마저 붕괴되면 세계 경제는 2020년보다 더 심각한 침체를 겪을 수 있

주택 수요 요인 감소와 주택 가격

자료: 통계청, KB국민은행

다. 집값만 따로 오르는 경우는 없을 것이다. 우리나에서도 이제 집은 '사는 것(투자재)'이 아니라 '사는 곳(소비재)'으로 인식이 바뀌어야 할 것이다.

참고 **아파트 가격과 주가 상승률 비교**

아파트는 거주하는 곳이기 때문에 주식과 직접 비교할 수 없다. 그러나 장기적 측면에서 보면 주가가 아파트 가격보다 훨씬 더 빠르게 상승하고 있다. KB국민은행이 1986년부터 발표한 주택 가격 통계를 보면 2020년 1월까지 전국 아파트 가격은 5.2배 상승했다. 그러나 같은 기간 코스피는 18배나 상승했다.

동 기간 동안 서울 강남 아파트 가격은 8.2배 올랐다. 하지만 우리나라 수출에 핵심적 역할을 하고 있는 전기전자업종 주가는 무려 106배 상승했다. 주식을 오래 보유한다면 장기적으로 아파트만큼 큰 수익을 낼 수 있다는 의미다.

주식에 장기투자 하지 못한 이유는 변동성일 것이다. 주가는 장기적으로 상승하지만, 단기적으로 등락이 심하다. 그런 주식을 가지고 있으면 심리적 불안을 느낀다. 이러한 의미에서 개별 종목보다는 각종 주가지수로 구성된 상장지수펀드ETF에 장기투자하는 것이 바람직해 보인다.

그레이트 리셋

아파트와 주가 비교

서울 강남 아파트와 전기전자업종 주가 비교

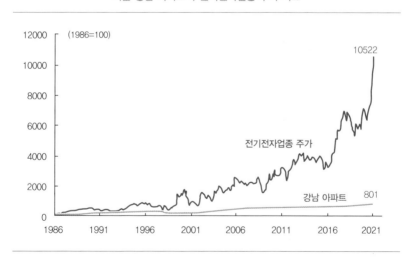

자료: KRX, KB국민은행

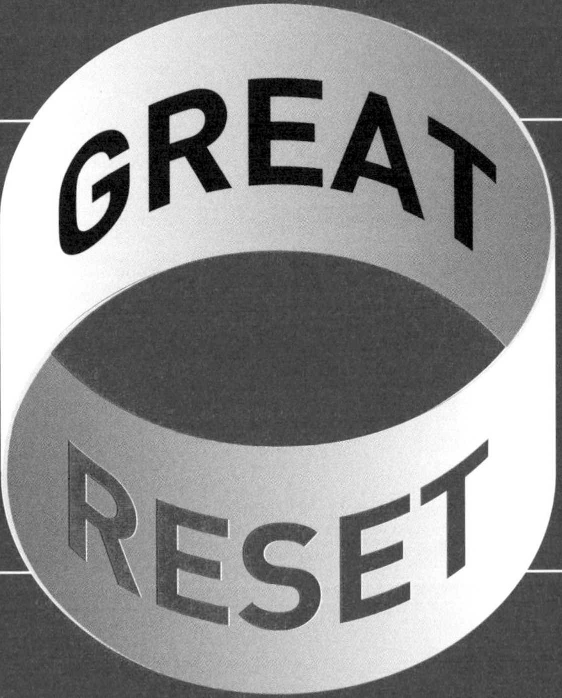
GREAT
RESET

7장

어디에
투자해야 하나?

앞에서 우리나라 개인의 자산 배분을 살폈다. 자산 배분에서 보면 크게 3가지 트렌드가 진행되고 있다. 첫째, 실물자산에서 금융자산으로 자산 배분의 조정이다. 둘째, 금융자산 가운데서는 은행 예금 비중이 줄어들고 상대적으로 주식 비중이 늘어나고 있다. 셋째, 주식 가운데 국내 주식보다는 해외 주식 비중이 더 높아지고 있다. 여기에서는 해외 주식투자에 대해서 알아보자.

해외 주식투자
증가

◆

해외 비중을 늘리고 있는 대표적 기관은 국민연금공단이다. 국민연금은 2020년 9월 기준 785조 원을 금융자산에 투자하고 있다. 이중 채권에 368조 원(47%), 주식에 322조 원(41%), 대체투자에 92조 원(12%)을 배분했다.

국민연금의 자산 배분 중 가장 중요한 특징은 주식, 특히 해외 주식투자의 급증에 있다. 2010년 국민연금의 금융자산 중 주식 비중은 23%였으나 2020년 9월에는 41%로 크게 증가했다. 같은 기간 국내 주식투자 비중은 17%에서 18%로 1%p 증가하는 데 그쳤다. 그러나 해외 주식투자 비중은 6%에서 23%로 거의 4배 증가했다. 주식만 따로 보면 국내 주식 비중이 2010년 73%에서 2020년 9월 45%로 줄었고, 그 대신 해외 비중은 24%에서 55%로 급증했다.

국민연금이 해외 주식투자 비중을 늘린 것은 금융자산 운용 규모에 비해 국내 주식시장 규모가 상대적으로 작았던 데 있다. 또한 2020년 한국 주가는 세계에서 제일 높은 상승률을 기록했지만, 2011~19년에는 '박스피'라는 말이 나올 정도로 정체 상태를 보였다. 수익률을 높이기 위한 포트폴리오 차원에서 국민연금은 해외 투자 비중을 늘렸던 것으로 추정된다.

국민연금의 국가별(혹은 지역별) 투자 비중은 구체적으로 알려져 있지 않지만, 모건스탠리 캐피탈 인터내셔널의 선진국 및 신흥시장의 비중을 상당히 많이 참조했을 가능성이 높다. 모건스탠리 캐피탈 인터내

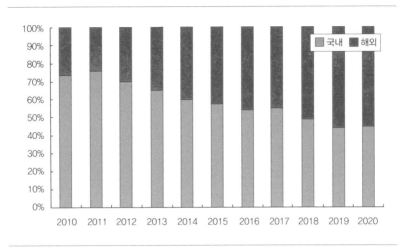

국민연금의 국내외 주식투자 비중 추이

주: 2020년은 9월 기준
자료: 국민연금공단

셔널에 따르면 선진국 중에서도 미국 투자 비중이 60% 이상을 차지하

고 있는데, 국민연금도 그 정도를 미국에 배분했을 것으로 예상한다.

미국 비중 축소,
중국 비중 확대

♦

지난 11년간(2010년 1월~2021년 1월) 한미중 대표 주가지수(KOSPI,

S&P500, SHCOMP)의 월평균 수익률을 비교해보면 미국 주가가 안정적으로 상승했다. S&P500이 월평균 1.0% 상승해서 코스피(0.52%)나 상하이종합지수(0.23%)에 비해 상승률이 2배 이상 높았다. 표준편차를 평균으로 나눈 변동성을 보면 미국이 가장 작았다. 2010년 이후 미국 주가의 안정성과 수익성이 높았다는 의미다.

그러나 2000년 1월에서 2009년 12월까지 10년 통계를 분석해보면 전혀 다른 결과가 도출된다. 중국 상하이종합지수 월평균 상승률이 1.11%로 가장 높고, 그다음으로 코스피(0.72%)였다. 이 기간 동안

2000년 이후 10년 단위 한미중 주가 상승률 비교

자료: KRX, Bloomberg

그레이트 리셋

S&P500의 월평균 수익률은 -0.09%로 나타났다. 이러한 결과가 도출된 까닭은 2005년 말에서 2007년 사이에 상하이종합지수가 무려 412.9% 상승했기 때문이다. 그 이후 급락하면서 평균 수익률이 낮아지기는 했지만, 이와 달리 S&P500은 1999년 말 닷컴버블이 붕괴된 이후 2010년까지 거의 제자리걸음을 했다.

지난 20년 동안 세 나라의 월평균 상승률로 보면 상하이종합지수 0.65%, 코스피 0.62%, S&P500 0.48%였다. 이와 같은 결과는 어느 시점에 어떤 시장에 진입했는가에 따라 투자 수익률이 크게 달라질 수

한미일 주가지수 월평균 상승률 비교

(단위: %)

	기간	월평균	표준편차	표준편차/평균
KOSPI	2000.1~2021.1	0.62	6.25	10.13
	2000.1~2009.12	0.72	7.90	10.91
	2010.1~2021.1	0.52	4.28	8.22
S&P500	2000.1~2021.1	0.48	4.33	9.04
	2000.1~2009.12	-0.09	4.44	-47.34
	2010.1~2021.1	1.00	4.17	4.19
SHCOMP	2000.1~2021.1	0.65	7.42	11.46
	2000.1~2009.12	1.11	8.60	7.78
	2010.1~2021.1	0.23	6.16	26.31

자료: KRX, Bloomberg

있다는 것을 보여준다. 이러한 의미에서 거시 경제 흐름을 파악하는 것은 매우 중요한 일이다.

앞으로 10년은 어떤 모습으로 전개될 것인가? 상대적으로 미국보다는 중국과 한국 시장의 수익률이 높을 전망이다. 앞서 살펴본 것처럼 미국 주식시장은 여러 가지 지표 측면에서 거품 조짐이 있다. 버핏 지수가 사상 최고치 수준으로 올라와 있고 PER도 과거 평균의 2배 이상이다. 미국 가계 금융자산에서 주식 비중이 50%로 매우 높은 상태에서는 거품 붕괴 정도는 아니더라도 미국 주가가 2010년 이후 10년처럼 상승할 가능성은 낮아 보인다.

그러나 중국 경제가 소비 중심으로 안정 성장 국면에 접어들면서 금융시장이 빠른 속도로 확대되고 주가 역시 상대적으로 오를 가능성이 높다. 국가별 자산 배분을 한다면 미국 비중을 낮추고 중국 비중을 그만큼 늘리는 게 수익률을 높이는 하나의 방법이 될 수도 있을 것이다.

ESG 경영과
앞으로의 투자

♦

우리나라뿐 아니라 전 세계적으로 'ESG'에 대한 관심이 높아지고 있다. 앞으로 환경, 사회, 지배 구조를 뜻하는 ESG 경영이 기업 경영과 투자 환경에 매우 중요한 영향을 줄 것이다.

우선 환경은 기후변화 및 탄소배출에 주로 관련된다. 대표적으로 각국 정부가 추구하고 있는 '넷 제로Net Zero(탄소배출이 늘어나지 않은 중립 상태)'다. 여기에는 좁은 의미에서 에너지 사용의 효율성도 포함한다. 'RE100(Renewable Energy 100%)'이 구체적 예인데, 이는 기업이 사용하는 전력의 100%를 재생 에너지로 조달하겠다는 것이다. SK그룹은 새만금의 재생 에너지를 활용해 RE100을 실현한다는 청사진을 세우기도 했다. 사회 분야에서 주로 다루는 주제는 고객 만족, 데이터 보호, 공급망 관리뿐만 아니라 기업의 사회공헌 활동도 강조되고 있다. 지배 구조 측면에서는 주로 뇌물 및 부패, 기업 윤리 등을 다룬다.

기업 경영과 투자에 있어서 ESG가 중요한 이유를 다음 4가지로 요약해볼 수 있다.

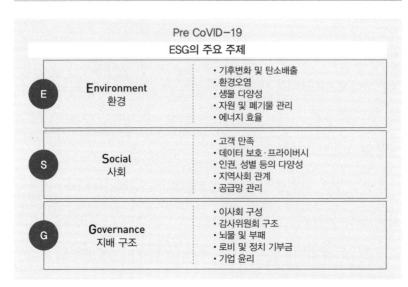

Pre CoVID-19
ESG의 주요 주제

E	Environment 환경	• 기후변화 및 탄소배출 • 환경오염 • 생물 다양성 • 자원 및 폐기물 관리 • 에너지 효율
S	Social 사회	• 고객 만족 • 데이터 보호·프라이버시 • 인권, 성별 등의 다양성 • 지역사회 관계 • 공급망 관리
G	Governance 지배 구조	• 이사회 구성 • 감사위원회 구조 • 뇌물 및 부패 • 로비 및 정치 기부금 • 기업 윤리

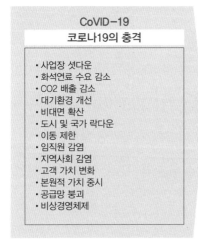

CoVID-19
코로나19의 충격

• 사업장 셧다운
• 화석연료 수요 감소
• CO2 배출 감소
• 대기환경 개선
• 비대면 확산
• 도시 및 국가 락다운
• 이동 제한
• 임직원 감염
• 지역사회 감염
• 고객 가치 변화
• 본원적 가치 중시
• 공급망 붕괴
• 비상경영체제

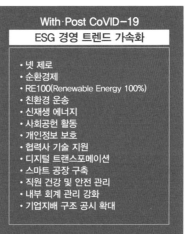

With·Post CoVID-19
ESG 경영 트렌드 가속화

• 넷 제로
• 순환경제
• RE100(Renewable Energy 100%)
• 친환경 운송
• 신재생 에너지
• 사회공헌 활동
• 개인정보 보호
• 협력사 기술 지원
• 디지털 트랜스포메이션
• 스마트 공장 구축
• 직원 건강 및 안전 관리
• 내부 회계 관리 강화
• 기업지배 구조 공시 확대

자료: 삼정KPMG 경제연구원, 'ESG 경영시대, 전략 패러다임 대전환', 2020.12

첫째, 무디스, S&P 등 국제 신용평가기관들도 기업신용평가에 ESG를 고려하고 있다. 국내 신용평가기관도 마찬가지다.

둘째, 고객의 요구다. 애플 등의 글로벌 기업은 ESG 경영을 하지 않는 기업과는 거래를 중단하겠다고 밝혔다. ESG 평가 등급이 낮은 기업은 핵심 고객 기반을 상실할 수 있다.

셋째, 정부 규제도 강화하고 있는 추세다. 대부분 정부가 탄소중립을 선언하고 있다. 우리 정부도 2025년부터 자산 규모 2조 원 이상인 유가증권시장 상장 기업에 ESG 정보 공시를 의무화할 계획이다. 또한 2030년부터는 모든 코스피 상장사까지 공시 의무를 확대하기로 했다.

마지막으로 가장 중요한 투자자의 요구다. 세계 3대 자산운용사 가운데 하나인 블랙록은 ESG가 미흡한 기업에 투자하지 않을 것이라고 약속했다. 2021년 래리 핑크Lawrence Douglas Fink 회장은 고객에게 보내는 연례서한에서 2020년에 모든 액티브 포트폴리오와 자문 포트폴리오에 ESG 팩터를 반영하겠다는 목표를 완수했다고 선언했다. 앞으로도 넷 제로를 향해 갈 것이라고 약속하며 보다 구체적인 투자 운용 방향으로 다음의 4가지를 제시했다.

첫째, 블랙록 포트폴리오 구성의 기반인 자본시장 전망에 기후변화의 영향을 반영한다. 둘째, 액티브 전략 포트폴리오에 '정밀조사 모델'을 도입해, 심각한 기후 리스크를 초래할 수 있는 증권을 관리하는 프레임워크로 활용한다. 셋째, 전기 자동차부터 청정 에너지, 에너지 효율 주택에 이르기까지 투자자가 에너지 전환으로 확인되는 기회를 활용할 수 있도록 지원한다. 넷째, 목표에 부합하는 상품을 포함해 명시적인 온도 목표를 제시하는 투자 상품을 출시한다.

또한 네덜란드연기금은 2020년에 액티브 방식으로 운용하는 포트폴리오에서 한국전력 지분을 전부 처분했다. 그 이유는 한국전력이 발전자회사를 포함해서 한국 전체 온실가스 배출량의 30%에 육박하기 때문이라고 했다.[1] 우리나라 국민연금공단도 2013년부터 ESG에 관심을 갖기 시작했다. 2022년까지 운용기금의 50%를 ESG에 투자할 계획이다. 참고로 2020년 9월 기준 국민연금이 운용하는 금융자산은 785조 원이었다.

이에 따라 기업의 가치 형성에 있어 ESG 등 비재무적 요소들의 중요성은 재무적 요소들 못지않게 커지고 있다. 이제 기업들은 재무적 가치Financial Value 강화에 중점을 두던 전통적인 경영 방식에서 벗어나, 비재무적 가치Non-financial Value 강화 방안도 함께 고려한다. 이러한 평가가 개별 기업의 적정 주가 추정에도 중요한 영향을 줄 것이다.

---

1 머니투데이, "[2020 새로운 10년 ESG] 〈24〉-① [인터뷰] 박유경 APG 아·태 책임투자·거버넌스 총괄이사", 2020.12.7.

그레이트 리셋

우리나라 여러 단체에서도 ESG 평가 기준을 마련해 개별 기업에 점수를 주고 있다. 일례로 한국지배 구조연구원에서는 2011년부터 유가증권시장 상장회사, 코스닥150 구성 종목 회사 등을 대상으로 매년 ESG 평가를 하고 있다. 한국거래소는 이 결과를 토대로 ESG 테마지수 5종(KRX ESG Leaders 150, KRX Governance Leaders 100, KRX Eco Leaders 100, KRX ESG 사회책임경영지수(S), 코스피 200 ESG 지수)의 종목 구성에 활용하고 있다. 여기에는 개별 기업의 ESG 등급도 나와 있다. 예를 들면 2021년 1분기 기준 삼성전자의 등급은 'A'(환경 A, 사회 A+, 지배 구조 B+)였다.

이러한 평가 기준 등을 바탕으로 국내 자산운용사에서도 ESG 관련 펀드 상품을 개발해 운용하고 있다. 또한 ESG ETF도 상장되어 있는데, 2021년 2월 기준 KODEX 200 ESG, KBSTAR ESG 사회책임투자, FOCUS ESG 리더스 등이 관련 상품이다. 앞으로 세분화된 더 많은 ESG 관련 ETF는 나오게 될 것이다. 이들 상품이 현재까지는 코스피 상승률과 큰 차이가 없으나, 앞으로는 종목 구성에 따라 ESG 관련 펀드와 ETF의 수익률에 차이가 생길 가능성이 높다. 참고로 미국 주식시장에서 ESG 관련 ETF는 270여 개 상장되어 있는데, 평균적으로는 S&P500 수익률보다 더 높은 것으로 알려져 있다.

그린 뉴딜
투자 확대

♦

미국의 인플레이션과 금리 상승으로 자산 가격 거품이 붕괴되고 부채에 의한 성장의 한계가 드러나게 되면 세계 경제는 2020년 못지 않게 다시 극심한 침체에 빠질 가능성이 높다. 가계와 기업의 부채가 매우 높은 수준에 있기 때문에 금리를 내리고(사실은 더 인하할 여지도 크지 않다.) 돈을 풀어도 소비와 투자는 별로 늘어나지 않을 전망이다. 즉 통화정책의 효과가 크지 않을 것이라는 이야기다. 이렇게 되면 정책 당국은 정부 부채가 많아도 재정정책에 의존할 수밖에 없을 것이다.

그렇다면 정부는 돈을 어디에 쓸 것인가. 미국과 우리 정부가 이미 코로나19 경제위기를 극복하기 위해서 사용하고 있지만, 그 방식은 가계나 중소기업에 돈을 직접 주는 방식이다. 여기에 미래의 잠재 성장력 제고를 위한 대규모의 투자도 빼놓을 수 없다. 바로 이 시대가 요구하는 그린 뉴딜 투자가 그것이다.

그린 뉴딜을 이해하기 위해서는 현시대 가장 영향력 있는 사회 사상가이자 미래학자인 제레미 리프킨Jeremy Rifkin의 견해에 귀를 기울일 필요가 있다. 그는 『글로벌 그린 뉴딜』이라는 저서에서 그린 뉴딜로 펼쳐질 미래의 세계를 그리고 있는데 2028년에 화석연료 문명의 종말이 오고, 그 사이에 지구 생명체를 구하기 위한 각국의 대담한 그린 뉴딜 경제 계획이 필요하다는 것이다.

리프킨에 따르면 인류의 역사에서 경제적 변혁은 모두 공통분모를 가졌다. 그것은 커뮤니케이션 매개체와 동력원, 그리고 운송 메커니즘이다. 커뮤니케이션이 없으면 경제와 사회 활동을 관리할 수 없고, 에너지가 없으면 이들 활동에 동력을 제공할 수 없다. 또한 운송과 물류가 없으면 경제 활동과 사회 활동을 가동할 수 없다. 19세기에 펼쳐진 1차 산업혁명은 증기력을 활용한 인쇄와 전신, 풍부한 석탄, 전국 철도망이 서로 맞물리면서 가능했다. 20세기에는 중앙 제어식 전력과 전화, 라디오, 텔레비전, 저렴한 석유, 그리고 전국 도로망을 달리는 내연기관 차량이 상호작용하면서 2차 산업혁명의 기반을 창출했다.

리프킨은 현재 3차 산업혁명이 진행 중이라고 말한다.[2] 3차 산업혁명을 주도하고 있는 커뮤니케이션 매개체는 인터넷에 기반한 디지털 커뮤니케이션이다. 동력원은 풍력과 태양광을 포함한 녹색 에너지다. '태양은 모든 곳에서 빛나고 바람은 모든 곳에서 분다'는 것이다.

---

2 2016년 세계 경제포럼에서는 현재 4차 산업혁명이 진행되고 있다고 보았다.

경제 변혁의 3가지 요소

	1차 산업혁명	2차 산업혁명	3차 산업혁명
커뮤니케이션 매개체	증기력 활용 인쇄, 전신	중앙 제어식 전력, 전화, 라디오, TV	인터넷 디지털 커뮤니케이션
동력원	석탄	석유	태양광, 풍력
운송 메커니즘	전국 철도망	내연 기관차 고속철도	전기 및 연료 전지 자율 주행차

자료: 제레미 리프킨(안진환 역), 『글로벌 그린 뉴딜』, 민음사, 2019

따라서 태양광과 풍력 생산 비용은 기하급수적으로 하락할 가능성이 높다. 이른바 '에너지의 민주화' 시대도 도래할 것이다. 3차 산업혁명의 운송 수단은 녹색 에너지를 활용한 전기 및 연료전지 자율 주행차일 전망이 높다.

앞으로 3차 산업혁명에 얼마나 적극적으로 대응하느냐에 따라 국가 경쟁력이 결정될 것이다. 바이든 행정부는 2021년에 들어서 4년 동안 환경 관련 인프라 투자에 2조 달러를 투입하겠다고 했다. 2050년 탄소배출 제로화 정책도 목표로 내세웠다.

우리 정부도 디지털 뉴딜과 그린 뉴딜로 요약되는 '한국판 뉴딜' 정책을 강력하게 추진할 것이라고 했다. 이를 통해 추격형 경제에서

그레이트 리셋

한국판 뉴딜정책과 고용 창출 계획

- '22년까지 총사업비 67.7조 원(국비 49조 원) 투자
　　　　　 일자리 88.7만 개 창출
- '25년까지 총사업비 160조 원(국비 114.1조 원) 투자
　　　　　 일자리 190.1만 개 창출

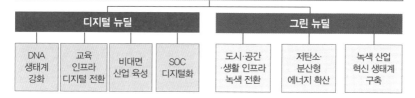

안전망 강화(고용·사회 안전망+사람 투자)

분야별 총사업비(국비)(~'25, 조 원)

분야별 일자리(국비)(~'25, 만 개)

총투자 계획(총사업비(국비), 조 원)

구분	'20추경~'22	'20추경~'25
합계	67.7 (49.0)	160.0 (114.1)
① 디지털 뉴딜	23.4 (18.6)	58.2 (44.9)
② 그린 뉴딜	32.5 (19.6)	73.4 (42.7)
③ 안전망 강화	11.8 (10.8)	28.4 (26.6)

일자리 창출(일자리, 만 개)

구분	'20추경~'22	'20추경~'25
합계	88.7	190.1
① 디지털 뉴딜	39.0	90.3
② 그린 뉴딜	31.9	65.9
③ 안전망 강화	17.8	33.9

＊ ('20추경~'25) 총사업비 160조 원 (국비 114.1조 원, 지방비 25.2조 원, 민간 20.7조 원)

자료: 한국판 뉴딜 종합계획, 기획재정부, 2020.7.14.

선도형 경제로, 탄소의존 경제에서 저탄소 경제로 대전환하겠다는 것이다. 이를 위해 2025년까지 총사업비 160조 원(국비 114조 원)을 투입해 경제 성장의 잠재력을 키우고 190만 개의 일자리를 창출하겠다는 계획을 세웠다. '한국판 뉴딜정책과 고용 창출 계획' 요약도로 한눈에 살펴볼 수 있다.

그린 뉴딜의 핵심,
전기 자동차

♦

제레미 리프킨은 전기 자동차가 3차 산업혁명 혹은 그린 뉴딜의 핵심이 될 것이라고 보았다. 3차 산업혁명의 운송 메커니즘이 전기 자동차이기 때문이다. 그는 자동차 산업의 미래도 그리고 있다. 앞으로 펼쳐질 자동차 산업의 3가지 특징은 휘발유 차량에서 녹색 에너지로 구동되는 전기 및 연료전지 차량으로의 이행, 차량 공유 서비스로의 전환, 사람 대신 시스템이 주행 환경을 모니터링하고 통제하는 자율 주행 차량의 도입이다.

조만간 화석 연료 사용의 정점이 올 것이다. 현재 세계에서는 매일 9600만 배럴의 석유를 소비하고 있는데, 이중 63% 정도를 운송이 차지하고 있다. 앞으로 전기차 사용이 증가하면서 석유 수요는 크게 감소할 전망이다.

다음으로 리프킨은 도시 젊은이들의 차량 소유 개념이 바뀔 것으로 보고 있다. 도시 지역의 젊은이들이 '차량 소유권'보다는 '이동성 접근권'을 더 선호하는 추세에 있다는 것이다. 그의 예상처럼 차량 공유가 일반화되면 차량 수요가 전체적으로 줄어들 가능성이 높다.

오늘날 전 세계의 혼잡한 도시에는 주로 석유를 사용하는 12억 대에 달하는 자동차와 버스, 트럭이 굴러다니고 있다. 이들 숫자가 줄어들고 대부분 전기차로 대체되어 탄소배출을 줄일 것이라는 예측으로도 이어진다.

또한 배터리 가격의 급격한 하락도 전기 자동차 판매의 증가 요인이다. 2010년에 킬로와트시_{kilowatt-hour} 당 1000달러였던 리튬 배터리 가격이 2017년 말에는 209달러로 79%나 급락했다. 이러한 추세는 앞으로도 지속될 전망이다.

3차 산업혁명의 가장 중요한 특징은 융합이다. 인공지능, 사물인터넷이 무인 전기 자율 자동차에 결합될 것이다.

중국에서 전기 자동차
급성장 예상

◆

2017~20년 세계 자동차 생산은 연평균 4.3% 감소했으며 특히 2020년에는 코로나19로 최악의 경기 침체에 빠지면서 전년 대비 17%나 줄었다. 그러나 전기차 생산은 같은 기간 연평균 42.8%나 증가했는데 2017년 1.3%였던 전기차 침투율이 2020년에는 4.0%까지 상승했다.

이러한 추세는 앞으로 더 가속화할 전망이다. 하나금융투자 송선재 애널리스트[3]는 2021~25년 세계 자동차 생산이 연평균 5% 증가할 것이고 그중 전기차는 27.7% 늘어날 것으로 전망했다. 이에 따라 전기차 침투율이 2025년에는 10.7%로 올라갈 것으로 예상했다. 제레미 리프킨 또한 2030년에는 전기차 침투율이 40%에 이를 것으로 내다보았다. 2030년에 가서는 거리에 돌아다니는 차량 2대중 1대 가까이가 전기 자동차일 것이라는 이야기다.

전기차 침투율이 가장 높은 지역은 유럽이다. 2020년 유럽의 전기차 침투율은 11.4%로 추정된다. 미국(2.3%), 한국(2.3%), 중국(5.7%)보

---

3 송선재, "글로벌 친환경차/2차전지 Monthly", 하나금융투자, 2021.2.1.

그레이트 리셋

주요 국가(지역)별 전기 자동차 침투율 전망

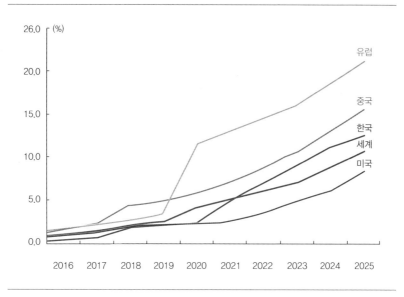

주: 2021~25년은 전망치

다 훨씬 높다. 2025년에는 유럽의 전기차 침투율을 21.0%까지 오른다고 예측하며, 여전히 시장을 주도할 것으로 전망한다.

이러한 전망에 따라 한국도 2020년 2.3%에서 2025년에는 12.5%로 상승할 것으로 예상된다. 그러나 규모 면에서는 단연 중국 비중이 높다. 2020년 전 세계 전기차 생산량을 306만 대로 추정 하는데 이중 중국 생산량은 111만 대로 36.3%를 차지하고 있다. 2025년에는 세계 전체 생산량이 1039만 대에 이르러 사상 처음으로 1000만 대를 돌파

할 것으로 전망된다. 중국이 여전히 37% 안팎을 유지하면서 연간 생산량이 380만 대에 이른다는 예상이다.

2030년 이후에도 마찬가지의 전망이다. 각국이 내연 기관차의 판매를 금지할 것이기 때문에 전기차 시장 점유율은 더 빠르게 성장할 가능성이 높다. 각국 정부가 발표한 내연 기관차 판매 금지 시기는 노르웨이는 2025년, 영국 2030년, 미국 캘리포니아주 2035년, 중국 2035년, 프랑스 2040년이다. 주식시장에서 중국의 전기차 관련 산업

주요 국의 전기 자동차 시장점유율 비교

주: 2021~25년은 전망치
자료: 하나금융투자

그레이트 리셋

(배터리 시장)에 관심을 가져야 할 이유다. 또한 전기차 수요 증가는 원자재 시장에도 영향을 줄 것으로 보인다. 전기차가 내연 기관차에 비해 구리 소비가 훨씬 더 많은 것으로 알려져 있기 때문이다. 실제로 승용차의 경우에는 최대 3.5배, 버스는 11~16배 구리 사용량이 많다.

코로나19,
헬스케어 산업 도약의 계기

◆

세계적 베스트셀러 『사피엔스』의 저자이자 예루살렘 히브리대학 역사학 교수인 유발 하라리Yuval Noah Harari는 2017년 『호모 데우스』를 출간했다. 이 책은 '인류의 새로운 의제'로 시작하고 있다. 인류가 지난 수천 년 동안 스스로에게 던진 질문은 '기아, 역병, 전쟁'에서 어떻게 해방될 것인가였다. 그런데 21세기에 들어서면서 경이로운 경제 성장으로 이러한 문제를 상당 부분 해결했다. 그렇다면 앞으로 인류가 추구해야 하는 것은 무엇일까. 유발 하라리는 '불멸, 행복, 신성'이라 했다.[4]

---

4 유발 하라리, 『호모 데우스』, 김영사, 2017.

21세기에는 "역사상 처음으로 너무 많이 먹어서 죽는 사람이 못 먹어서 죽는 사람보다 많고, 늙어 죽는 사람이 전염병에 걸려 죽는 사람보다 많고, 자살하는 사람이 군인, 테러범, 범죄자의 손에 죽는 사람보다 많다. 21세기 초를 살아가는 보통 사람들은 가뭄, 에볼라, 알카에다 공격으로 죽기보다 맥도날드에서 폭식해서 죽을 확률이 훨씬 더 높다"는 것이다.

유발 하라리는 전쟁 위험도 많이 줄었다고 했다. 체호프 법칙이 깨졌다는 것이다. 안톤 체호프의 체호프 법칙은 "연극의 1막에 등장한 총은 3막에서 반드시 발사된다"라는 의미로, 역사를 보면 왕과 황제들은 새로운 무기를 획득하면 곧바로 그것을 사용하고 싶은 유혹을 느꼈다는 것이다. 그러나 1945년 이래 인류는 그런 유혹에 저항하는 법을 배웠고, 큰 전쟁 없이 살아왔다.

앞으로 인류가 추구하는 방향은 불멸이다. 죽음에 대한 두려움을 훌륭한 작품으로 승화시킨 우디 앨런Woody Allen 감독은 은막에서 영원히 살기를 바라느냐라는 질문에 "나는 작품을 통해 불멸을 얻고 싶지 않다. 죽지 않음으로써 불멸을 얻고 싶다"라고 대답했다. 불멸에 앞서 인류는 기대수명의 연장을 원하고 있다. 20세기에 기대수명이 40세에서 70세로 2배 가까이 늘어났으니, 21세기에는 150세까지 연장될 수 있기를 바란다.

불멸과 더불어 인류가 추구하는 것은 행복이다. 요즘 정치인들은 물론 경제학자들조차도 GDP(Gross Domestic Product, 국내총생산)를 GDH(Gross Domestic Happiness, 국내총행복)로 보완하거나 대체할 것을 요구하고 있다. 행복은 심리적이고 생물학적인 것이다. 심리적 측면에서 행복은 객관적 조건보다 기대치에 달려 있다. 실제가 기대에 근접할 때 우리는 행복해한다. 생물학적 수준에서 보면, 기대와 행복을 결정하는 것은 경제적·사회적·정치적 상황이 아니라 우리의 생화학적 조건이다. 우리는 불쾌한 감각에서 벗어나 유쾌한 감각을 느낄 때 행복하다고 느낀다. 앞으로 과학이 인간의 생화학적 기제를 조작해 불쾌감을 행복감으로 바꾸게 할 것이다. 실험실의 전문가들은 이미 인간의 생화학적 기제를 조작하는 더 정교한 방법을 시험하고 있다.

인간이 불멸과 행복을 추구하는 것은 신이 되겠다는 뜻이다. 생명 공학, 사이보그 공학(인조인간 만들기), 그리고 비유기체 합성을 통해 그 일을 가능케할 것이다. 결국 21세기 인류는 '호모 사피엔스'에서 '호모 데우스'로 변할 것이라는 게 유발 하라리의 주장이다.

코로나19는 전 영역에서 누구도 예측할 수 없을 정도로 세계를 강타하고 있다. 1년 만에 1억 명 이상이 코로나19 감염으로 격리되었고, 240만 명이 사망했다. 코로나19는 유발 하라리가 인류의 미래로 지적한 불멸과 행복을 짓밟아버린 것이다. 그러나 인류는 이를 계기로 불멸과 행복에 더 많은 시간을 투자하면서 진보해갈 것이며, 개인은 건강한 삶에 더 많은 관심을 가질 것이다. 헬스케어 산업이 성장할 수밖에 없는 이유가 여기에 있다.

스마트 헬스케어 산업으로 진화

♦

그렇다면 헬스케어 산업은 어떠한 방향으로 진화하면서 성장할 것인가? 한마디로 요약하자면 '스마트 헬스케어'다. 의료 기술이 정보통신기술(ICT, Information and Communication Technologies)과 융복합하면서 개인 맞춤형 의료 서비스 시대를 열게 될 것이라는 이야기다.

과거에는 의료 서비스가 병원에서 치료 중심으로 이뤄졌다. 그러나 2010년 이후 의료 서비스가 ICT와 결합하면서, 수요자들에게 다양한 형태의 건강 관련 서비스를 제공하는 스마트 헬스케어로 진화하고 있다. 스마트 헬스케어는 헬스케어와 인공지능, 빅데이터, 사물인터넷, 클라우드 등의 기술이 융합된 새로운 개념이다. 기존의 헬스케어에서 더 나아가 언제 어디서나 개인이 손쉽게 건강 관리를 받을

헬스케어의 진화 방향

구분	Tele-헬스	e-헬스	u-헬스	Smart-헬스
시기	1990년대 중반	2000년	2006년	2010년 이후
서비스 내용	원내 치료	치료/정보 제공	치료/예방관리	치료/예방/복지/안전
주 플레이어	병원	병원	병원, ICT 기업	병원, ICT 기업, 보험사, 서비스 기업 등
주 이용자	의료인	의료인, 환자	의료인, 환자, 일반인	의료인, 환자, 일반인

자료: NICE평가정보(주), 2020.8

수 있어 각광받고 있는 것이다.[5]

스마트 헬스케어는 하드웨어(예: 개인 건강 관리기기 등), 소프트웨어(예: 건강정보 제공 앱 등), 서비스(예: 진단 서비스)로 구성되어 있다. 여기에 개인 맞춤형 서비스를 제공하기 위해 인공지능과 빅데이터 등이 적용되고 있다.

시장조사업체 스태티스타Statista에 따르면 2015년에서 2020년까지 스마트 헬스케어 시장은 연평균 21.1% 성장한 것으로 나타났다. 규

---

5 권정아, "의료 패러다임의 변화, 기술 융합을 통해 맞춤형 서비스로 진화", NICE평가정보(주), 2020.8.

모로 보면 2015년 790억 달러에서 2020년에는 2060억 달러에 이른 것으로 추정되었다. 한국의 스마트 헬스케어 시장도 2014년 이후 연평균 50% 정도 성장한 것으로 알려져 있다. 코로나19 영향으로 건강에 대한 관심이 더 높아졌기 때문에 이러한 고성장세는 앞으로도 지속할 것으로 내다보인다.

이러한 성장세를 반영해 우리나라 주식시장에서 헬스 관련 종목의

세계 스마트 헬스케어 시장 급성장

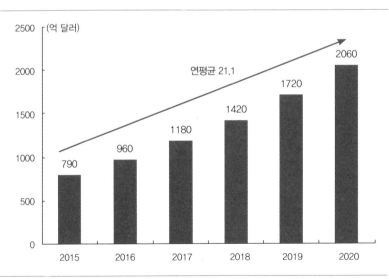

자료: Statista

주가가 큰 폭으로 상승했다. 특히 우리가 헬스케어에 간접적으로 투자할 수 있는 ETF(TIGER 헬스케어, KBSTAR 헬스케어, KODEX 헬스케어)가 2020년 한 해 동안 87~102% 상승했다. 같은 해 코스피와 코스닥이 각각 31%, 45% 오른 것과 비교하면 2~3배 높은 수익률이다. 장기적 측면에서 보면 이러한 추세는 지속할 가능성이 높아 보인다.

앞으로도 바이오를 포함한 헬스케어 산업은 한 단계 더 도약할 가능성이 높고 주식시장에서도 여전히 중요한 테마로 남아 있을 것이다.

비트코인, 거품의 끝자락?
새로운 출발점은?

♦

시대에 따라 자산이 바뀌어가면서 거품이 만들어졌고 또 붕괴되었다. 다음 그래프는 흥국증권 리서치센터[6]에서 작성한 시대별 상승 주도 자산이다.

1970년대 후반 금값이 큰 폭으로 상승했다. 다른 요인도 있었지만 화폐 가치 하락으로 비롯되는 손실을 막기위한 인플레이션 헤지 수

6　송재경, "삼프로TV 발표자료", 흥국투자증권, 2021.1.

시대별 거품 자산, 고점 기준 직전 2년간 상승률 비교

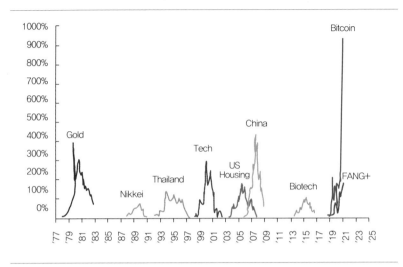

자료: BofA, Bloomberg, 흥국증권리서치센터

단으로 금이 선호되었기 때문이다. 1, 2차 오일쇼크 등의 영향으로 1980년 미국의 소비자 물가상승률이 10.8%로, 1950년대 이후 가장 높은 상승률을 기록했다.

10년 후인 1980년대 후반에는 일본 주가가 가장 큰 폭으로 상승했다. 앞서 살펴본 것처럼 1985년 플라자합의 이후 엔화 가치가 대폭 상승하자 일본 중앙은행이 금리를 내리면서 대응했다. 그 후 저금리와 풍부한 유동성으로 일본 주가에 거품이 발생했고, 1990년에 금리가 인상되면서 거품이 붕괴했다.

　　　　　　　　　　　　　　　　　　　　　　　그레이트 리셋

1990년대 후반에는 정보통신혁명이 있었다. 미국을 중심으로 대부분의 주식시장에서 기술주에 거품이 발생하고 꺼졌다. 그리고 2000년 중반에는 주택시장에 거품이 발생했고 2008년 금융위기를 초래했다. 2006~07년에는 중국이 투자 중심으로 높은 성장을 하면서 중국 주식시장에 거품이 발생했고 과잉투자 후유증으로 거품이 붕괴되었다. 그 뒤 2014~16년 사이에는 바이오 산업에서 약간의 거품이 있었다.

2019년 이후에는 2가지 자산에서 거품이 발생하고 있다. 우선 미국의 정보통신업계를 선도하는 이른바 'FANG'이다. 이는 페이스북(Facebook), 아마존(Amazon), 넷플릭스(Netflix), 구글(Google) 4개 기업을 가리킨다.

하지만 FANG보다는 비트코인에 더 심각한 거품이 발생했다. 자산 시장에서 투자자들이 기대하는 가격은 전부 다르기 때문에 이들이 현재 거품인지 아닌지에 대한 객관적 기준은 없다. 거품은 꺼지고 난 다음에야 거품이었던 것을 알 수 있다. 그러나 분명한 역사적 사실 한 가지는 자산 가격에 거품이 생성되면 반드시 붕괴되었다는 것이다. 그리고 가격이 제자리까지 돌아오는 데 상당한 기간이 걸렸다. 2000년 닷컴버블이 붕괴된 후 아마존이 제자리에 오는 데 10년이 소요되었고, 마이크로소프트는 15년이 걸렸다. 시스코는 20년이 지난

2021년 1월에도 2000년 초 수준을 밑돌고 있다. 아무리 좋은 기업의 주식(현재 FANG 같은 기업)이라도 고점에서 사면 오랜 기간 인내가 필요하다는 의미다.

2008년 비트코인이 만들어진 이후 장기적으로 상승하고 있다. 특히 2020년 급등 이후 최근까지 사상 최고치를 경신해가고 있는데, 이렇듯 가상화폐가 급등한 이유를 4가지 측면에서 찾을 수 있다.

첫째, 기존 통화 가치 하락에 대한 대안이다. 2008년, 2020년 경제 위기를 극복하기 위해서 세계 중앙은행이 대규모로 돈을 찍어냈다. 특히 미국이 선도하면서 달러 가치가 하락하고 달러의 기축 통화 역할의 지속 가능성에 대해서도 의문이 생겼다. 《파이낸셜타임스》의 부편집장인 라나 포루하Rona Foroohar는 비트코인 상승을 두고 미국 민주주의 및 자본주의 후퇴와 새로운 세계 질서의 태동을 의미한다는 글을 썼다.[7] 세계는 미국 중심에서 유럽과 중국 등의 다극체제로 갈 것이라는 내용을 담고 있다. 이 과정에서 달러 가치가 떨어지고 비트코인 가격이 상승한다고 예측했다.

둘째, 금융의 비집중화다. 이는 탈중앙화된 금융 시스템으로, 정부 등 각종 기관의 통제 없이 인터넷 연결만 가능하면 블록체인 기술로

---

7 Rona Foroohar, 'Bitcoin's rise reflects US decline', 《FT》, 2021.2.15.

그레이트 리셋

다양한 금융 서비스를 제공받는다는 것을 의미한다. 대표적으로 '페이팔 효과'다. 2020년 전 세계 3억 8000만 명의 이용자를 보유한 온라인 결제 기업 페이팔이 미국 이용자를 대상으로 가상 자산 매매 및 결제 서비스를 제공하기 시작했다. 여기서 비트코인을 거래할 수 있게 했고, 이를 통한 결제도 가능하게 할 것이라는 이야기다. 2021년 2월에는 전기 자동차 기업 테슬라가 자동차 대금을 비트코인으로 받을 것이라고 했다(5월에는 해당 내용을 취소한다고 말을 바꿨다). 일부 전문가들은 이를 계기로 가상화폐가 가치 저장뿐만 아니라 교환 수단으로 사용됨으로써 역할이 점점 커질 것이라고 주장한다.

셋째, 골드만삭스 등을 포함한 일부 글로벌 투자은행의 가상화폐 시장 참여다. 2021년 2월에는 모건스탠리가 비트코인 투자를 검토하고 있다고 발표했다.

넷째, 전 세계 젊은이들이 금보다는 비트코인 투자를 늘리면서 비트코인 가격이 사상 최고치를 경신해가고 있다. 금보다는 하루 24시간, 365일 거래 가능한 비트코인이 젊은 세대의 관심을 끌고 있다는 증거다.

비트코인은 금과 어떤 차이가 있을까. 가장 중요한 차이점은 공급과 수요의 원천에서 찾을 수 있다.[8] 최근 10년 동안 금의 순수요를 보면 보석용 34%, 산업재용 7%, 투자 42%, 각국 중앙은행 보유 17%로 구성되어 있다. 반면 비트코인을 포함한 가상화폐는 대부분 그 용도가 투자 대상에 그치고 있다. 또한 금은 생산과 소유도 다양화되어 있다. 금은 중국, 러시아, 호주, 미국, 캐나다뿐만 아니라 일부 남미와 아프리카 국가에서도 생산된다. 금 보유 또한 중앙은행에서 개인과 기관에 이르기까지 다양하다. 그러나 가상화폐 생산은 소수에 집중되어 있다. 블룸버그에 따르면 발굴 업체 5곳에서 전체 가상화폐의 49.9%를 생산하며, 가상화폐 보유자 2%가 95%를 소유하고 있다고 한다. 가상화폐는 금에 비해서 공급과 수요의 공급 탄력성이 훨씬 더 낮다. 따라서 공급과 수요 상황이 조금만 변해도 가격이 급등하거나 급락할 가능성이 있다.

그럼에도 비트코인 가격 급등의 의미는 크다. 나는 이 책에서 제2차 세계대전 이후 미국을 세계 패권국으로 만들었던 민주주의가 트럼프 대통령 집권 기간 동안 크게 후퇴했다고 지적했다. 또한 경제적 측면에서는 미국 GDP가 세계에서 차지하는 비중이 계속 축소되고 있고, 미국의 인플레이션과 함께 달러 가치가 지속적으로 하락할 것

---

8 World Gold Council, 〈Gold and cryptocurrencies- How gold's role in a portfolio differs from cryptos〉, 2021.2.

으로 내다보았다. 비트코인 가격 급등은 이러한 정치 및 경제 상황을 반영하고 있다.

비트코인 가격의 적정 수준을 판단하는 기준은 없다. 그러나 앞서 설명한 4가지 이유로 거품 영역에 들어선 것은 사실이다. 하지만 비트코인 상승이 미국 주도의 세계 질서에 변화를 의미하고 있다는 점도 과소평가해서는 안 될 것이다.

현재 세계 경제에서 부채가 매우 높은 수준에 있고 주식(특히 미국 주식) 등 자산 가격에 거품이 발생했다. 이들이 해소되는 과정에서 대부분의 자산 가격이 떨어질 가능성은 높다. 문제는 그다음 어떤 자산 가격에서 거품이 생성될 것인가에 있다. 미래는 알 수 없다. 그러나 국가별로 보면 앞으로 10년 동안은 미국보다 중국 주식 수익률이 더 높을 것이다. 또한 ESG 관련 투자에 대한 관심은 지속적으로 증가할 것이다. 산업별로는 친환경과 관련된 전기 자동차 관련 업종이 가장 높은 성장률을 기록할 것으로 내다볼 수 있다. 더불어 미국에서 인플레이션이 심하게 발생할 경우 금 가격도 크게 오를 수 있다. 코로나19로 장수와 건강에 관한 관심도 더 높아졌기 때문에 헬스케어도 여전히 고성장 산업으로 남을 가능성이 크다.

주가 예측은 가능한가?

주가 변동 폭이 클 때마다 주요 언론사는 증시 전문가들에게 주가 고점 혹은 저점을 묻곤 한다. 2011년 4월 2200선을 넘어섰던 코스피가 그해 9월 1600대까지 급락했다. 당시 《조선일보》는 주가가 얼마나 더 떨어질 것인가를 증권시장 전문가들에게 물었다. 그 대답은 다음 표와 같다. 물론 '예측 불가능'이 가장 정답에 가까운 정직한 답이다. 주가가 얼마나 떨어질지 누가 알겠는가? 그래서 1500, 1600이라는 답도 나온다. 그러나 나의 답은 1644였다.

전문가가 보는 주가 저점은?

송재학 우리투자증권 센터장	예측 불가능
윤석 삼성증권 센터장	1500
황상연 미래에셋증권 센터장	예측 불가능
김지환 하나대투증권 센터장	1600
이종우 솔로몬투자증권 센터장	1600
김영일 한국투자신탁운용 CIO	1600
장동헌 우리자산운용 CIO	예측 불가능
김영익 창의투자자문 대표	1644
안효문 AK투자자문 대표	1650
이병익 오크우드투자자문 대표	1600

자료: 조선일보(2011.10.5.)

9.11테러 때
주가 급락 예측

♦

코스피는 1644를 저점으로 오름세로 돌아섰고, 그다음 해 2월에는 다시 2000선을 넘어섰다. 우연히 맞히긴 했지만, 돌이켜 생각해보면 나의 답은 무모한 것이었다.

증권사 리서치센터에서 이코노미스트(경제분석가)나 스트래티지

스트(투자전략가)로 일하면서 가장 기억에 남는 주가 전망은 2001년 9.11테러 전후였다. 2000년 말에 증권시장을 전망하면서 2001년 9월에 주가가 폭락할 가능성이 높다고 전망했다. 우연히도 9.11테러로 그해 5월 632였던 코스피가 9월에 472까지 급락했다. 나는 그해 연말에 주가가 700 근처까지 오를 것이라고 전망하면서 주식 매수를 권유했다.

당시 K 기자가 인터뷰를 요청했다. 연말에 주가가 700까지 올라갈 것이기 때문에 주식을 팔아서는 안 된다고 코멘트했다. K 기자는 "뉴욕에서 3000명이 사망했고, 세계 경제가 어려워지는데 어떻게 주가가 오를 수 있느냐"는 핀잔을 주면서 등을 돌렸다. 그날 Y 기자가 같은 질문을 했다. 나는 똑같은 대답을 했다. Y 기자도 나와 비슷한 견해를 갖고 여러 전문가를 대상으로 인터뷰를 하고 있는데, 아무도 긍정적인 답을 주지 않았다고 말했다. 2001년 말 코스피는 694로 그해를 마무리했다. (나는 이 두 기자와 만난 다음부터 신문 기사를 읽거나 방송을 들을 때, 기자 혹은 언론사가 어떤 시각으로 보도하는가를 유심히 살펴보는 습관이 생겼다. 때로는 같은 사건을 다른 시각으로 쓰고 방송하기 때문이다.)

그 이후로도 2006년까지 증시의 비교적 크고 작은 흐름을 맞혔다. 일부 언론이 나에게 '증시 족집게'라는 별칭을 붙여줄 정도였고 주요 경제신문에서 선정하는 베스트 애널리스트에 수차례 선정되기도 했다.

그러나 나의 전망은 2007년에 크게 어긋났다. 미국에서 금융위기가 시작되면서 글로벌 증권시장이 불안해질 것으로 내다보았지만 주가는 2007년 11월까지 지속적으로 상승했다. 투자자들은 증권사에서 주가가 올라간다고 전망했는데 떨어지면 그냥 넘어가준다. 증권사는 증시를 낙관적으로 볼 수밖에 없을 것이라는 생각 때문일 것이다.

이와는 달리 주가가 떨어진다고 전망했는데 올라가면 여기저기에서 불만의 목소리가 넘쳐 나온다. 2007년은 증시를 비관적으로 보았던 나에게 매우 힘든 시기였다. 투자자들은 물론이고 주요 언론이 나를 비난하기 시작했다. 당시 은행을 중심으로 '주식형 펀드 캠페인'을 했던 시기였기 때문에 주요 금융회사의 비난의 대상이 되기도 했다. 한 언론은 "증시 나쁘게만 봐……실수 인정한다"라는 제목으로 내 전망이 틀렸다는 것을 실토하게 했다.

내 예상보다 늦은 2007년 12월부터 주가는 하락하기 시작했고, 2008년에는 미국에서 글로벌 금융위기가 왔다. 2007년 11월 2085까지 올라갔던 코스피는 2008년에 1367까지 34%나 하락했다.

나는 그때를 계기로 회사의 공식적 견해를 후배 스트래지스트에게 넘겨주었다. 그리고 몇 년 후 증권사 리서치센터를 떠나게 되었다.

주가에 선행하는
변수로 방향 예측

♦

그렇다면 어떠한 근거로 이러한 주장을 펼칠 수 있었을까? 나는 석사와 박사 과정 중 많은 계량 모형을 배웠고, 그를 주가 등 각종 경제변수 예측에 적극 활용했다. 우선 대표적인 모형이 단순회귀분석이다. 예를 들면 환율, 금리, 통화량 등을 설명변수로, 주가를 종속변수로 설정해 회귀식을 추정하는 것이다. 그러나 이 모형에는 한계가 있다. 모형이 아무리 잘 추정되었다 하더라도 모형에 들어가는 환율, 금리 등 설명변수의 미래치를 알 수 있어야 주가를 전망할 수 있다. 그런데 미래의 환율과 금리를 전망하는 것은 주가만큼 어렵다.

그다음으로 시계열 예측 방법인 'ARIMA' 모형이 있다. 이는 주가의 과거 성질을 잘 파악해서 미래를 전망하는 방법이다. 그러나 과거의 성질을 잘 파악했다 하더라도 과거 추정 기간에 따라 전망치가 달라지는 경우가 많다. '시계열 분석은 과학이고 예술이다'라는 말이 있다. 모형의 각종 통계치가 적합해야 하고 분석 기간은 모형 설정자가 결정해야 한다는 의미다. 어떠한 방법을 이용하더라도 ARIMA 모형으로 주가를 예측하는 데는 한계가 있었다.

또 다른 시계열 분석 방법이 벡터자기회귀모형이다. 이는 앞의 단순회귀분석과 ARIMA 모형을 결합한 것이라 할 수 있다. 모형 안에 들어가는 변수들의 과거 상호작용을 분석해 미래를 예측한다. 예들 들어 금리, 환율, 주가로 구성된 VAR 모형에서는 이들 세 변수의 과거의 관계를 분석해 미래를 예측해준다. 하지만 이 모델은 미래 주가의 예측 오차가 클 뿐만 아니라 때로는 방향마저 어긋날 때가 있었다.

앞의 3가지 모형으로 하는 주가 예측에 한계가 있다는 것을 깨달은 후, 나는 가장 단순한 방법을 모색했다. 주가에 선행하는 변수를 찾는 것이었다. 2001년 9.11테러 전후의 주가 급락을 예측할 때 사용했던 변수는 경상수지와 국제유가였다. 이들 변수에 일정한 기준으로 가중치를 두고 하나의 주가 선행지수를 작성했던 것이다. 이 방법의 장점은 기초통계학만 알면 누구나 만들 수 있고, 모형에 들어가는 변수가 주가에 선행하기 때문에 이들 변수를 예측할 필요가 없다는 데 있다. 물론 이들 변수의 선행성은 기간에 따라 달라지므로 새로운 데이터가 발표될 때마다 재점검을 해야 하는 수고가 뒤따른다.

나는 지금도 일간 혹은 월간 선행지수 모형을 활용하여 주가를 전망하고 실제로 투자 비중을 결정한다.

증권시장의
다양한 견해 존중

◆

나는 경제학 공부를 폴 새뮤얼슨Paul A. Samuelson의 『경제원론』으로 시작했다. 이 책의 서문에 보면 다음 그림이 나온다. 어떤 쪽에서 보면 새 주둥이처럼 보이고, 또 다른 쪽에서 보면 산양 머리처럼 보이기도 한다. 이것이 사회과학이고 경제학이라는 것이다. 경제학자는 자기가 배운 이론과 알고 있는 데이터로 경제 현상을 설명한다. 따라서 학자에 따라 같은 현상을 다르게 해석할 수 있다. 금융시장에서는 그 차이가 더 클 것이고, 불확실한 미래의 전망에 대해서는 전혀 다른 견해가 존재할 수밖에 없다.

역사에 한 가지 분명한 사실은 모든 것이 상호작용에 따라 변한다는 것이다. 그래서 나는 아침마다 주가와 관계가 있는 변수를 점검하

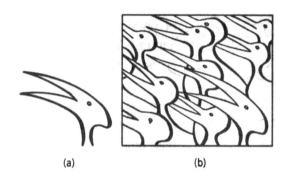

(a)   (b)

자료: Paul A. Samuelson, 『Economics』, McGraw-Hill Education, 2009.

면서 변화를 찾아내려고 노력한다. 그래도 내가 보는 것이 한쪽일 수 있기 때문에 증권시장에 존재하는 다양한 견해를 존중한다.

참고 문헌

- 권정아, "의료 패러다임의 변화, 기술 융합을 통해 맞춤형 서비스로 진화", NICE평가정보(주), 2020.8.

- 그레이엄 앨리슨(정혜윤 역), 『예정된 전쟁』, 세종서적, 2018.

- 김영익, "부채위기를 부채로 극복할 수 있을까?", 《내일신문》, 20201.1.3.

- 김영익, "늑대소년이 외치던 인플레이션이 다가오고 있다", 《내일신문》, 2020.12.4.

- 랜덜 레이(홍기빈 역), 『균형재정론은 틀렸다』, 책담, 2017.

- 발러 샤이델(조미연 역), 『불평등의 역사』, 에코리브르, 2017.

- 송선재, "글로벌 친환경차/2차전지 Monthly", 하나금융투자, 2021.2.1.

- 송재경, "삼프로TV 발표자료", 홍국투자증권, 2021.1.

- 안드레 군더 프랑크(이희재 역), 『리오리엔트』, 이산, 2003.

- 앨프리드 맥코이(홍지영 역), 『대전환』, 사계절, 2019.

- 유발 하라리(김명주 역), 『호모 데우스』, 김영사, 2017.

- 제레미 리프킨(안진환 역), 『글로벌 그린 뉴딜』, 민음사, 2019.

- 짐 로저스(전경아 역), 『위기의 시대, 돈의 미래』, 리더스북, 2020.

그레이트 리셋

- 〈통화정책 효과의 파급〉, 한국은행 홈페이지.

- Ben S. Bernanke & Robert H. Frank, 『Principles of Economics』, Irwin/McGraw-Hill, 2003.

- Dimitri Zenghelis et al, 'Public debt, public wealth and economic dynamics', Bennett Institute for Public Policy, Uni. of Cambridge, 2020.10.

- Gregory Mankiw, "The Puzzle of Low Interest Rate", 《The New York Times》, 2020.12.4.

- Martin Wolf, "Why inflation could be on the way back", 《FT》, 2020.11.18.

- Paul A. Samuelson, 『Economics』, McGraw-Hill Education, 2009.

- Ray Dalio, 『Big Debt Crises』, Bridgewater, 2018.

- Rona Foroohar, "Bitcoin's rise reflects US decline", 《FT》, 2021.2.15.

- "Xi's new economy", 《The Economist》, 2020.8.15.

- 〈Gold and Cryptocurrencies- How gold's role in a portfolio differs from cryptos〉, World Gold Council, 2021.2.

한 번도 경험하지 못한 새로운 세상

그레이트 리셋

초판 1쇄 발행 2021년 6월 11일
초판 2쇄 발행 2021년 7월 26일

지은이 김영익
펴낸이 김선준

책임편집 임나리
편집2팀 배윤주
마케팅 조아란, 신동빈, 이은정, 유채원, 유준상
경영관리 송현주

펴낸곳 (주)콘텐츠그룹 포레스트 **출판등록** 2021년 4월 16일 제2021-000079호
주소 서울시 영등포구 국제금융로2길 37 에스트레뉴 1304호
전화 02) 332-5855 **팩스** 02) 332-5856
홈페이지 www.forestbooks.co.kr **이메일** forest@forestbooks.co.kr
종이 (주)월드페이퍼 **출력·인쇄·후가공·제본** (주)현문인쇄

ISBN 979-11-91347-26-5 03320

포레스트북스(FORESTBOOKS)는 독자 여러분의 책에 관한 아이디어와 원고 투고를 기다리고 있습니다. 책 출간을 원하시는 분은 이메일 writer@forestbooks.co.kr로 간단한 개요와 취지, 연락처 등을 보내주세요. '독자의 꿈이 이뤄지는 숲, 포레스트북스'에서 작가의 꿈을 이루세요.